Fusões e Aquisições

Fusões e Aquisições
REGIME JURÍDICO DO ÁGIO

2019

Victor Lyra Guimarães Luz

FUSÕES E AQUISIÇÕES
REGIME JURÍDICO DO ÁGIO
© Almedina, 2019

AUTOR: Victor Lyra Guimarães Luz
DIAGRAMAÇÃO: Almedina
DESIGN DE CAPA: FBA
ISBN: 978-85-8493-574-1

Dados Internacionais de Catalogação na Publicação (CIP)
(Câmara Brasileira do Livro, SP, Brasil)

Luz, Victor Lyra Guimarães
Fusões e aquisições : regime jurídico do ágio /
Victor Lyra Guimarães Luz. -- São Paulo : Almedina,
2019.

Bbibliografia
ISBN 978-85-8493-574-1

1. Ágio 2. Direito tributário 3. Direito
tributário - Brasil 4. Empresas - Fusões e aquisições
5. Imposto de renda - Leis e legislação - Brasil
I. Título.

19-31269	CDU-34:336.2(81)

Índices para catálogo sistemático:
1. Brasil : Direito tributário 34:336.2(81)
Maria Alice Ferreira - Bibliotecária - CRB-8/7964

Este livro segue as regras do novo Acordo Ortográfico da Língua Portuguesa (1990).

Todos os direitos reservados. Nenhuma parte deste livro, protegido por copyright, pode ser reproduzida, armazenada ou transmitida de alguma forma ou por algum meio, seja eletrônico ou mecânico, inclusive fotocópia, gravação ou qualquer sistema de armazenagem de informações, sem a permissão expressa e por escrito da editora.

Novembro, 2019

EDITORA: Almedina Brasil
Rua José Maria Lisboa, 860, Conj.131 e 132, Jardim Paulista | 01423-001 São Paulo | Brasil
editora@almedina.com.br
www.almedina.com.br

"Seja você quem for, seja qual for a posição social que você tenha na vida, a mais alta ou a mais baixa, tenha sempre como meta muita força, muita determinação e sempre faça tudo com muito amor e com muita fé em Deus, que um dia você chega lá. De alguma maneira você chega lá."

(AYRTON SENNA)

*Dedico este livro à minha família, sem a qual
eu não teria alcançado nada nesta vida.*

AGRADECIMENTOS

O presente livro é, com algumas modificações, fruto da minha monografia de conclusão do curso de especialização em Direito Tributário do Insper, Instituto que tive o prazer de estudar e lidar com profundos conhecedores do Direito Tributário.

Não foi uma tarefa fácil. Foram 2 anos de curso, com viagens quinzenais que demandaram física e mentalmente, mas o final foi de enorme recompensa: além do vasto conhecimento adquirido, este livro demonstra que os sonhos, por maiores que sejam, podem ser alcançados.

Mas essa conquista não foi solitária. Por isso, me sirvo desse espaço para alguns agradecimentos especiais: afinal, ninguém é conhecedor de tudo, muito menos conquista nada sozinho.

Agradeço à minha família, em especial aos meus pais, Euvaldo e Ana Elisa, e ao meu irmão, Euvaldo, cujo apoio incondicional foi sempre essencial em qualquer desafio que busquei.

Também agradeço à minha noiva, Amanda, fonte de entusiasmo e amor, que sempre incentivou os estudos e entendeu as minhas ausências. Sem seus conselhos, compreensão e companheirismo, nada seria possível.

Agradeço também a alguns professores que foram especiais nessa caminhada: em primeiro lugar, ao Professor Roberto Quiroga, meu orientador do mestrado, com quem tenho a oportunidade de dividir importantes angústias da vida acadêmica; em segundo lugar, aos Professores do Insper, que sempre estimularam o estudo intenso do Direito Tributário, especialmente Ricardo Akamine, Régis Braga, Marcelo Vicentini, Ana Carolina Monguilod e José Eduardo Toledo.

Ainda, agradeço a todos os amigos de infância, da faculdade, da vida profissional e acadêmica que, de uma forma ou de outra, estiveram comigo nessa caminhada, dividindo as angústias e transformando momentos simples em alegrias. Vocês realmente são especiais!

Por fim, agradeço a Deus, por tornar tudo isso possível.

PREFÁCIO

Nas últimas duas décadas, um dos temas mais tormentosos no campo do direito tributário é o aproveitamento da dedutibilidade do ágio pago na aquisição de participações societárias. Desde o momento em que a legislação brasileira, por intermédio da Lei nº 9.532/97, alterou o regime tributário do referido instituto, inúmeras questões emergiram quando da aplicação da mencionada lei por parte dos contribuintes e autoridades tributárias.

Inicialmente, o tema do ágio surgiu no momento do plano de privatização do governo Fernando Henrique Cardoso, e tinha por intuito incentivar a compra de empresas públicas por parte de investidores, com o maior ganho possível para o Estado. A norma tributária, em síntese, criava uma forma de reduzir o valor dos preços das operações com a atribuição de um crédito fiscal decorrente do aproveitamento do ágio. Além da questão estritamente tributária, a nova legislação também proporcionava um movimento de consolidação do mercado em várias áreas, como foi o caso da área bancária e empresas de alguns setores do varejo.

Se por um lado o tema do ágio era um fator de estímulo econômico e de crescimento das operações de compra e venda de empresas públicas, por outro lado a utilização da legislação do ágio provocava uma redução do lucro fiscal das empresas e uma consequente redução da arrecadação tributária, gerando reações contrárias ao tema e ao instituto na esfera das autoridades tributárias.

Desses interesses contrários, emergiu um contencioso tributário enorme, entre contribuintes e fisco federal, e uma sensação de insegurança jurídica na adoção das regras atinentes ao ágio, provocando, inclusive, uma alteração mais recente desse instituto tributário, mediante a edição da Lei nº 12.973/14.

Inúmeras foram as discussões travadas no contencioso acima aludido tais como: aproveitamento do ágio interno, legitimidade de laudos de avaliação, propósito negocial nas operações realizadas, imputação de multa qualificada pela presença de eventual dolo e fraude nas operações, necessidade de ocorrer a confusão patrimonial entre empresa adquirida e empresa adquirente, impossibilidade de transferência de ágio, dentre outras discussões.

A jurisprudência administrativa, em especial, o Conselho Administrativo de Recursos Fiscais (CARF) foi chamada a se manifestar acerca dos temas acima apontados, gerando um grande debate no âmbito do contencioso tributário. Hoje em dia, algo em torno de 500 autuações passaram ou irão passar pelo crivo dos julgadores do CARF com decisões em diferentes linhas de interpretação.

Do exposto acima, verifica-se a importância da doutrina se manifestar sobre essa celeuma tributária de grande impacto econômico, dando diretrizes científicas na discussão do aproveitamento da dedutibilidade do ágio nas operações de aquisição de participações societárias.

O presente trabalho de Victor Luz vai ao encontro dessa necessidade de produção científica atinente ao ágio e traz uma grande contribuição para a ciência jurídica. Por outro lado, esse tema, apesar de apresentar um conteúdo teórico importante, também suscita inúmeras considerações de ordem prática e o autor não se esquiva de enfrentá-las.

O autor trabalha com o tratamento tributário do ágio em dois períodos, a saber: o período anterior à Lei 12.973/14 e o seu período posterior de vigência.

Na primeira fase, analisa as principais controvérsias surgidas acerca do tema compilando importante fonte de opiniões doutrinárias, assim como de vasta jurisprudência administrativa a respeito. No campo judicial, a matéria ainda é muito nova e devemos ter manifestações do Poder Judiciário nos próximos anos.

Na segunda fase, o autor analisa as alterações introduzidas pela Lei 12.973/14 ao instituto do ágio e introduz discussões de ordem prática que, apesar de ainda não estarem presente no contencioso administrativo ou judicial, são relevantes no âmbito do Direito Tributário e nas discussões das operações de fusões e aquisições.

Daí porque o trabalho é de grande valia para os operadores do direito que trabalham com o tema e demonstra uma importante habilidade do autor com a produção científica, mas sempre levando em conta a realidade do dia a dia do profissional do direito tributário. Diante disso, recomenda-se com entusiasmo a leitura do presente trabalho, pois seu conteúdo contribui para a melhoria da ciência jurídico-tributária no País.

ROBERTO QUIROGA MOSQUERA

LISTA DE ABREVIATURAS E SIGLAS

AVJ – Avaliação a valor justo
AVP – Avaliação a valor presente
CARF – Conselho Administrativo de Recursos Fiscais
CF/88 – Constituição Federal da República Federativa do Brasil de 1988
CFC – Conselho Federal de Contabilidade
COFINS – Contribuição para o Financiamento da Seguridade Social
CPC – Comitê de Pronunciamentos Contábeis
CPC 00 – Pronunciamento Conceitual Básico do CPC
CPC 04 – Pronunciamento nº 04 do Comitê de Pronunciamentos Contábeis
CPC 15 – Pronunciamento nº 15 do Comitê de Pronunciamentos Contábeis
CPC 18 – Pronunciamento nº 18 do Comitê de Pronunciamentos Contábeis
CPC 46 – Pronunciamento nº 46 do Comitê de Pronunciamentos Contábeis
CSLL – Contribuição Social sobre o Lucro Líquido
CSRF – Câmara Superior de Recursos Fiscais
ICPC 09 – Interpretação Técnica 09
IFRS – *International Financial Reporting Standards*
IFRS 3 – Norma internacional de contabilidade específica das combinações de negócios
IRPJ – Imposto de Renda da Pessoa Jurídica
LALUR – Livro de Apuração do Lucro Real
M&A – Operações de Fusões e aquisições (Mergers and Acquisitions)
MEP – Método da Equivalência Patrimonial
Padrão IFRS – Padrão de contabilidade internacional publicado pelo *International Financial Reporting Standards*
PIS – Contribuição ao Programa de Integração Social
PL – Patrimônio Líquido
PPA – *Purchase Price Allocation*: Laudo de alocação do custo de aquisição
RIR/99 – Decreto nº 3.000, de 26 de março de 1999
RIR/18 – Decreto nº 9.580, de 22 de novembro de 2018
RFB – Receita Federal do Brasil
RTT – Regime Tributário de Transição

SUMÁRIO

1. INTRODUÇÃO 21

2. BREVES NOÇÕES SOBRE A EVOLUÇÃO DOS PADRÕES
CONTÁBEIS NO BRASIL 25
2.1. O Sistema Contábil no Brasil previamente à Adoção do Padrão IFRS 25
2.2. A Convergência ao Padrão Internacional de Contabilidade
pela Edição da Lei nº 11.638/2007 29
2.3. A Relação entre Direito Tributário e Contabilidade 34
    2.3.1. Prevalência da Essência Econômica em Detrimento
da Forma Jurídica para a Contabilidade 34
    2.3.2. Prevalência da Forma Jurídica para o Direito e seu Conflito
com a Contabilidade 36

3. TRATAMENTO DO ÁGIO NA VIGÊNCIA DA LEI Nº 9.532/1997 43
3.1. O Regime Jurídico da Apuração do Ágio e Deságio de Acordo
com as Regras Antigas 44
    3.1.1. O Método da equivalência patrimonial 45
    3.1.2. Ágio Contábil x Ágio Fiscal: inaplicabilidade dos institutos
contábeis 49
    3.1.3. Fundamentos econômicos do ágio previsto na legislação
tributária 52
    3.1.4. Laudo de avaliação (demonstrativo) 60
3.2. Dos Efeitos do Ágio Apurado 64
    3.2.1. Efeitos contábeis do ágio 65
    3.2.2. Efeitos fiscais do ágio apurado de acordo
com a Lei nº 9.532/97 66
        3.2.2.1. indedutibilidade do ágio – tratamento fiscal anterior
a eventos societários de incorporação, fusão ou cisão 68

FUSÕES E AQUISIÇÕES

3.2.2.2. Da dedutibilidade das amortizações do ágio:
tratamento da Lei nº 9.532/97 – aspectos gerais   69
3.2.2.3. Valor de mercado dos bens da investida   73
3.2.2.4. Rentabilidade futura   75
3.2.2.5. Fundo de comércio, intangíveis e outras razões   78
3.3. Discussões práticas envolvendo o Ágio Antigo   79
    3.3.1. Inexistência de vinculação entre a amortização fiscal
do ágio fundamentado em expectativa de rentabilidade
futura e a efetiva geração de lucros – análise do caso DASA   79
       3.3.1.1. Breve resumo das operações que originaram o ágio   80
       3.3.2.2. Autuação e Defesa do Contribuinte   80
       3.3.2.3. A Decisão do CARF e a desnecessidade de geração
de lucros para amortização fiscal do ágio fundamentado
em expectativa de rentabilidade futura   81
    3.3.2. Utilização de "Sociedade Veículo" e a amortização do ágio   83
       3.3.2.1. Legislação tributária   83
       3.2.2.2. Jurisprudência Administrativa   84
    3.2.3. Ágio Interno: possibilidade jurídica e controvérsias sua apuração   89

4. TRATAMENTO DO ÁGIO APÓS A EDIÇÃO DA LEI Nº 12.973/14   99
4.1. A Lei nº 12.973/14 e o novo paradigma na tributação corporativa   99
4.2. As operações de combinação de negócios e o registro contábil do ágio
(goodwill)   104
    4.2.1. Reconhecimento e mensuração dos ativos e passivos adquiridos
a valor justo e do ágio por expectativa de rentabilidade futura
(goodwill)   106
4.3. Regime do Ágio na Lei nº 12.973/14   108
    4.3.1. Lei nº 12.973/2014 versus CPC 15 na determinação do ágio
em matéria fiscal   108
    4.3.2. O regime jurídico do ágio (goodwill) e do deságio (ganho
por compra vantajosa) de acordo com a Lei nº 12.973/14
– comentários gerais   111
       4.3.2.1. Âmbito de aplicação do regime da Lei nº 12.973/14   116
    4.3.3. Laudo de Avaliação e o Novo Critério de Alocação   118
    4.3.4. Apuração e Tratamento Fiscal da mais ou menos-valia
e do goodwill ou ganho por compra vantajosa   126
       4.3.4.1. Mais-valia e menos-valia   126
       4.3.4.2. Goodwill   129
       4.3.4.3. Aquisição de participação societária em estágios   133
    4.3.5. Vedação expressa ao ágio interno pela Lei nº 12.973/2014   134

SUMÁRIO

4.4. Potenciais discussões relacionadas ao novo regime — 137
    4.4.1. O tratamento do ágio na aquisição de participação societária em sociedade controlada — 138
    4.4.2. Os efeitos da contraprestação contingente na determinação e aproveitamento do ágio — 141
    4.4.3. Laudo de avaliação protocolado após o prazo legal (13 meses) — 146
    4.4.4. O caso dos intangíveis na composição do custo de aquisção. — 148
    4.4.5. Propósito negocial — 150

5. CONCLUSÕES — 151

REFERÊNCIAS — 157

1
Introdução

No Brasil, as operações de fusões e aquisições têm ocorrido com cada vez mais frequência. Conforme dados divulgados pela PwC[1], em 2018, o número de fusões e aquisições atingiu importante marca: 658 transações.

As fusões e aquisições, longe de traduzir a expressão técnica, identificam o conjunto de fatores relacionados ao crescimento externo de uma entidade[2], concretizada mediante combinação de negócios e reorganizações societárias com outras sociedades participantes do mercado.

Nesse sentido, por representarem uma combinação de negócios, tais operações demandam o estudo por parte de técnicos e profissionais de diversas áreas, que vão desde a Contabilidade, pela aplicação das normas contábeis relacionadas ao tema, passando pelas Finanças Corporativas e Economia e também pelo Direito, onde abrange áreas jurídicas diversas, como Societário, Tributário, Cível, dentre outras.[3]

Juridicamente, todas as áreas envolvidas apresentam relevância, o que não poderia ser diferente em relação ao Direito Tributário. Nesse sen-

---

[1] https://www.pwc.com.br/pt/estudos/servicos/assessoria-tributaria-societaria/fusoes-aquisicoes/2018/fusoes-e-aquisicoes-no-brasil-dezembro-2018.html

[2] Que, conforme narra Sérgio Botrel, pode adotar estratégias de crescimento, estabilidade ou redução. BOTREL, Sérgio. **Fusões e Aquisições**, 5ª Ed. São Paulo: Saraiva, 2017, p. 23.

[3] Nesse sentido, Ian Muniz ensina que: "O mundo das reorganizações societárias (que compreende fusões, cisões, incorporações, formação de grupos e acordos) é vastamente capilarizado, envolvendo profissionais das mais diversas especialidades e áreas, tais como banqueiros, investidores, consultores, financeiros, advogados, contadores, administradores, funcionários públicos etc." MUNIZ, Ian de Porto Alegre. **Fusões e Aquisições – Aspectos Fiscais e Societários**. 3ª Edição. São Paulo: Quartier Latin, 2015, p. 17.

tido, por impactar diretamente o preço das transações, especial atenção é despendida em relação aos seguintes temas: (i) contencioso tributário, representativo dos processos judiciais e administrativos em que a entidade que se pretende adquirir está em litígio; (ii) consultivo tributário, que, a depender da entidade, pode envolver tributos diretos e indiretos – em relação aos indiretos, os impactos se relacionam aos pontos de logística enfrentado nas operações pós-aquisição.

Já em relação aos Tributos Diretos, notadamente o IRPJ e a CSLL, especial atenção é concedida tanto em relação à estrutura societária que será desenvolvida para efetivar a transação, com os mínimos impactos fiscais possíveis, como aos valores que serão, para fins fiscais, dedutíveis das bases de cálculo dos tributos em questão.

Nesse tocante, o pagamento do preço pela aquisição das participações societárias nas fusões e aquisições pode representar (e em geral representa) a apuração de ágio, que, para fins fiscais, após cumpridas as determinações previstas na legislação, pode ser amortizado na determinação das bases de cálculo do IRPJ e da CSLL.

É este o tema central desse livro: analisar os regimes jurídicos do ágio, isto é, da parcela representativa do custo de aquisição do investimento em dada sociedade que, em conjunto com a totalidade do preço de aquisição, impacta diretamente a apuração do imposto de renda da incorporadora. Nesse tocante, é importante que se deixe claro que a definição "popular" de ágio, concernente ao sobrepreço pago na aquisição de um bem, é aqui aplicável, mas com algumas restrições.

Antes de seguirmos, é importante destacar que a legislação contábil, no Brasil, foi profundamente alterada mediante a edição da Lei nº 11.638, de 28 de dezembro de 2007, o que será devidamente analisado adiante. Esse é o tema do **segundo capítulo:** apresentar breves noções sobre os padrões contábeis, no Brasil, notadamente em virtude de tais alterações promoverem intensa tensão entre a Contabilidade e o Direito por conta da adoção da primazia da essência econômica sobre a forma jurídica.

A nova contabilidade impacta diretamente as fusões e aquisições: é que o CPC 15, aplicável às combinações de negócios, determina como deverá ocorrer os registros contábeis correspondentes por ocasião de uma combinação de negócios, o que impacta, diretamente, o ágio por expectativa de rentabilidade futura (*goodwill*).

INTRODUÇÃO

Para fins fiscais, porém, tais normas não impactam o ágio, até porque potencial impacto de normas extra-jurídicas, principalmente no âmbito Tributário, depende de lei em sentido estrito.

Sobre o ágio, é importante observar que a legislação evoluiu: primeiramente, como será visto, sob a égide da redação original do Decreto-Lei nº 1.598/1977, o ágio não era amortizável para fins fiscais, compondo o custo de aquisição do ativo para cálculo de eventual ganho ou perda de capital.

Pela edição da Lei nº 9.532, de 10 de dezembro de 1997, conforme será visto, o ágio apurado com base no Decreto-Lei acima mencionado passou a ser amortizável, representando um importante impacto nas operações de fusões e aquisições, já que o preço que se pretende pagar na aquisição de um dado investimento seria claramente afetado ao se considerar a economia fiscal do valor atinente ao ágio.

Este é o denominado "regime antigo do ágio", totalmente modificado com o advento da Lei nº 12.973/14, mas que, considerando os 20 anos em que esteve vigente, ainda será pauta de discussão junto ao CARF e ao Poder Judiciário.

A relevância de tal regime é, por isso, justificada, de modo que o **terceiro capítulo** abrangerá justamente o ágio amortizável com base na legislação antiga. Para tanto, o capítulo será dividido em três frentes distintas, que correspondem:

(i) às regras atinentes à apuração do ágio;

(ii) às regras atinentes aos efeitos fiscais do ágio apurado; e

(iii) a determinados temas que são objeto de discussão junto ao CARF e ao Poder Judiciário, escolhidos em função da atenção especial dada pela doutrina e da sua intensa discussão perante o CARF – neste ponto, não se pretendeu, neste livro, esgotar todas as discussões relacionadas ao ágio, que, aliás, merecem estudo em uma obra inteiramente dedicada às suas vicissitudes.

Ainda, a aludida Lei nº 12.973/14, além de ter regulado os impactos fiscais relacionados à adoção dos novos padrões contábeis, modificou a apuração do ágio. Este é o novo regime do ágio, que alterou a apuração do aludido instituto para aproximar-se dos padrões contábeis, mas sem utilizá-los (ao menos, de forma expressa), mediante a modificação das regras previstas no Decreto-Lei nº 1.598/1977.

Nesse sentido, o tema do **quarto capítulo** é apresentar o novo regime do ágio, que é dividido em algumas frentes:

(i) comentários gerais sobre as mudanças promovidas pela Lei nº 12.973/14;

(ii) demonstração das novas regras relacionadas à apuração e tratamento fiscal do ágio (atualmente divididos em mais-valia e *goodwill*);

(iii) apresentação de alguns pontos que podem vir a ser objeto de discussão administrativa ou judicial, identificados no dia a dia profissional e, também, na análise da (ainda escassa) doutrina sobre o tema.

Estes são, em apertada síntese, os temas que serão tratados ao longo deste texto.

2
Breves Noções sobre a Evolução dos Padrões Contábeis no Brasil

Sem nenhuma pretensão de esgotar as extensas vicissitudes do tema, o presente capítulo tem por escopo apresentar a evolução do sistema contábil no Brasil, bem como discutir a relação entre Direito Tributário e a Contabilidade – notadamente após a adoção dos padrões IFRS na escrituração contábil das sociedades brasileiras.

A importância deste Capítulo se apresenta principalmente em virtude da discussão posta ao longo deste livro, ao levarmos em consideração que a atual legislação que regula o ágio em matéria fiscal utiliza os critérios contábeis delineados pela nova Contabilidade para determinar a forma de alocação do valor pago pela aquisição de participações societárias para consequente aproveitamento do ágio apurado.

2.1. O Sistema Contábil no Brasil Previamente à Adoção do Padrão IFRS

Antes de iniciar as discussões, é importante ter em mente que a Contabilidade é a ciência responsável pela tradução, em números e demonstrações financeiras, dos fatos econômicos ocorridos em determinada Companhia, de modo a fornecer informações aos seus usuários, seja o Fisco[4], investidores ou terceiros, com a finalidade de que tais usuários possuam dados

---

[4] Lembrando que, conforme disposto no Pronunciamento Conceitual Básico do Comitê de Pronunciamentos Contábeis, potenciais exigências específicas exigidas pelo Fisco para o atendimento de seus próprios interesses "não devem afetar as demonstrações contábeis elaboradas segundo esta Estrutura Conceitual", o que já demonstra que, após a adoção dos padrões IFRS, a Contabilidade não deve ser influenciadas por normas extra-contábeis.

relacionados às atividades da entidade, suas relações com credores e devedores, dentre outras.

Ou seja, o objetivo da Contabilidade é o de "fornecer informações que sejam úteis na tomada de decisões econômicas e avaliações por parte dos usuários em geral, não tendo o propósito de atender finalidade ou necessidade específica de determinados grupos de usuários."[5]

Para a tradução e apresentação de tais demonstrações financeiras, o processo contábil se caracteriza por três fases: (i) reconhecimento, (ii) mensuração e (iii) evidenciação, que, até 31.12.2007, se valiam dos critérios previstos pela Lei nº 6.404/76.

Importante ressaltar que até a introdução dos padrões IFRS, a Contabilidade no Brasil basicamente tinha o papel de servir aos interesses do Fisco[6], sendo fortemente influenciada por normas tributárias que modificavam o padrão de escrituração contábil[7] das Companhias para que o principal usuário da Contabilidade à época, a RFB, pudesse ter o controle sobre as demonstrações contábeis dos contribuintes, notadamente em vista da apuração dos tributos sobre o lucro e sobre a receita.[8]

Diante disso, na prática, "dado o protagonismo da RFB enquanto usuário da informação contábil, era comum que se verificasse a existência

---

[5] Pronunciamento Conceitual Básico do Comitê de Pronunciamentos Contábeis – Introdução.

[6] Como ensina Fernando Daniel de Moura Fonseca, "Basicamente, a contabilidade gerava informações para que fosse possível a apuração dos tributos, figurando o Fisco como o mais importante e influente usuário." FONSECA, Fernando Daniel de Moura. **Normas Tributárias e a convergência das regras contábeis internacionais.** Rio de Janeiro: Lumen Juris, 2015, p. 45.

[7] "A Contabilidade sempre foi muito influenciada pelos limites e critérios fiscais, particularmente os da legislação do Imposto de Renda. Esse fato, ao mesmo tempo que trouxe à Contabilidade algumas contribuições importantes e de bons efeitos, limitou a evolução dos Princípios Fundamentais de Contabilidade ou, ao menos, dificultou a adoção prática de princípios contábeis adequados, já que a Contabilidade era feita pela maioria das empresas com base nos preceitos e formas de legislação fiscal, os quais nem sempre se baseavam em critérios contábeis corretos." GELBCKE, Ernesto Rubens. SANTOS, Ariovaldo dos. IUDÍCIBUS, Sérgio de. MARTINS, Eliseu. **Manual de Contabilidade societária: aplicável a todas as sociedades: de acordo com as normas internacionais e do CPC.** 3ª Ed. São Paulo: Atlas, 2018, pág.1.

[8] – Decreto-Lei nº 1.598/1988: Art 6º. Lucro real é o lucro líquido do exercício ajustado pelas adições, exclusões ou compensações prescritas ou autorizadas pela legislação tributária.
– Instrução Normativa nº 1.700/2017: Art. 61. Lucro real é o lucro líquido do período de apuração antes da provisão para o IRPJ, ajustado pelas adições, exclusões ou compensações prescritas ou autorizadas pela legislação do IRPJ.

de normas tributárias que previssem uma determinada forma de contabilização, ainda que essa determinação contrariasse os princípios contábeis. Ou seja, ajustes tributários auxiliares por definição, sobre os registros permanentes."[9] Como ensina João Francisco Bianco, "(...) as autoridades fazendárias sempre exigiram das pessoas jurídicas que os lançamentos contábeis fossem feitos – tanto nos livros contábeis como nos livros fiscais – obedecendo ao critério da prevalência da natureza jurídica sobre a aparência econômica."[10]

Indo de encontro a sistemas adotados por diversos países, até 31.12.2007, o Brasil ainda se valia de padrões contábeis antigos, que, apesar de representarem um avanço à época de sua edição (em 1976, com a edição da Lei nº 6.404), sofreram com a sua defasagem, principalmente no que se refere à avaliação de ativos e passivos a custo histórico.[11] Tal defasagem fez com que, em 2005, o Conselho Federal de Contabilidade editasse a Resolução nº 1.055/2005, criando o Comitê de Pronunciamentos Contábeis, cujo objetivo era de centralizar o estudo dos assuntos contábeis.[12]

Apesar do intuito nobre, a ausência de previsão legal determinando o seguimento dos pronunciamentos elaborados por tal Comitê não garantia a autonomia necessária para que tais padrões fossem obrigatoriamente seguidos[13] pelas entidades participantes do mercado brasileiro, até porque,

---

[9] FONSECA, Fernando Daniel de Moura. **Normas Tributárias e a convergência das regras contábeis internacionais.** Rio de Janeiro: Lumen Juris, 2015, p. 67.

[10] BIANCO, João Francisco. Aparência Econômica e Natureza Jurídica. *In:* **Controvérsias Jurídico-Contábeis (Aproximações e Distanciamentos).** Coord: Roberto Quiroga Mosquera, Alexsandro Broedel Lopes. São Paulo: Dialética 2010, p. 174-184.

[11] Enquanto as Entidades de diversos países do mundo já elaboravam as suas demonstrações financeiras objetivando refletir a essência econômica de tais elementos patrimoniais, conforme preconiza o padrão IFRS.

[12] Art. 3º – O Comitê de Pronunciamentos Contábeis – (CPC) tem por objetivo o estudo, o preparo e a emissão de Pronunciamentos Técnicos sobre procedimentos de Contabilidade e a divulgação de informações dessa natureza, para permitir a emissão de normas pela entidade reguladora brasileira, visando à centralização e uniformização do seu processo de produção, levando sempre em conta a convergência da Contabilidade Brasileira aos padrões internacionais.

[13] Como bem pontuado por Alexsandro Broedel Lopes e Roberto Quiroga Mosquera, "Dito isso, onde reside a autonomia do CPC a emitir padrões contábeis para as companhias abertas brasileiras? Na Resolução nº 1.055/05? Certamente não. A *autoridade do CPC para normatizar matéria contábil no Brasil advém de expressa manifestação do legislador, na Lei nº 11.638/07 que, ao alterar o disposto no artigo 10 da Lei nº 6.385/76, autoriza a CVM a celebrar convênio com entidade*

FUSÕES E AQUISIÇÕES

como sinalizado, de forma recorrente leis tributárias alteravam a escrituração das companhias para impor regras adotando a prevalência da forma jurídica.

A demora do sistema brasileiro em adotar os padrões IFRS impactou de forma direta os investimentos nas empresas brasileiras. É que, tendo a Contabilidade o importante papel de conferir informações a usuários externos sobre o resultado das entidades que participam do mercado de determinado país – e sendo a Contabilidade um dos pilares de internacionalização dos investimentos –, manter a elaboração de demonstrações financeiras elaboradas com base em regramentos contábeis distintos (possibilitando a interpretação das informações contábeis) representava um custo relevante e indesejado pelos grupos transnacionais.[14]

Diante desse impacto, o projeto de lei nº 3741, apresentado em 08 de novembro de 2000, tinha por finalidade analisar e discutir potenciais alterações à Lei nº 6.404/76.

Nesse sentido, após longo trâmite legislativo, o Congresso Nacional aprovou o projeto de lei em questão que resultou na conversão da Lei nº 11.638, de 28 de dezembro de 2007, responsável por promover alterações à Lei nº 6.404/76 para adequar a contabilidade brasileira aos padrões IFRS, possibilitando que os investidores sejam os principais usuários da Contabilidade e permitindo a tomada de decisões econômicas com base na real situação econômico-financeira da entidade avaliada.

---

ligada a classe contábil com esse fim (...)" In: LOPES, Alexsandro Broedel. MOSQUERA, Roberto Quiroga. O Direito Contábil – Fundamentos Conceituais, Aspectos da Experiência Brasileira e Implicações. *In*: **Controvérsias Jurídico-Contábeis (Aproximações e Distanciamentos).** Coord: Roberto Quiroga Mosquera, Alexsandro Broedel Lopes. São Paulo: Dialética 2010, p. 56-81.

[14] Como demonstra Fernando Daniel de Moura Fonseca, "O trabalho de consolidação das demonstrações financeiras em grupos de empresas com atuação global passou a envolver o estudo e a aplicação de dezenas de padrões contábeis, gerando um trabalho dispendioso e extremamente complexo. Assim, cresceu a pressão para que fosse criado um corpo de normas contábeis de aceitação internacional, ou que ditasse padrões contábeis que pudessem nortear a elaboração dos padrões locais." FONSECA, Fernando Daniel de Moura. **Normas Tributárias e a convergência das regras contábeis internacionais.** Rio de Janeiro: Lumen Juris, 2015, pág. 64.

2.2. A Convergência ao Padrão Internacional de Contabilidade pela Edição da Lei nº 11.638/07

A mencionada Lei nº 11.638/07 promoveu as alterações necessárias à Lei nº 6.404/76 para viabilizar a migração do padrão contábil então vigente para o padrão internacional, o IFRS. A combinação dos §§3º e 5º do artigo 177 da Lei nº 6.404/76 deixa claro que os novos padrões contábeis a serem adotados no Brasil serão os padrões internacionais de contabilidade.[15]

É importante destacar que ao *International Accounting Standard Board (IASB)* foi conferido o papel de editar as normas contábeis padrão IFRS[16], que, atualmente, serve de parâmetro ao CPC para editar os correspondentes Pronunciamentos no âmbito dessa ciência no Brasil.

Em que pese tais normas tenham entrado em vigor, no Brasil, somente em 01.01.2008, "as empresas europeias com ações listadas em Bolsas de Valores já estão, desde 2005, obrigadas a apresentar suas demonstrações contábeis consolidadas de acordo com as normas do IASB."[17] Ou seja, por mais que o Brasil tenha demorado a adotar os padrões internacionais de Contabilidade, fato é que no mundo tal processo já estava acelerado e as principais economias do globo estariam se valendo do padrão IFRS para fins de escrituração contábil das entidades que participam dos seus respectivos mercados.

---

[15] Art. 177. A escrituração da companhia será mantida em registros permanentes, com obediência aos preceitos da legislação comercial e desta Lei e aos princípios de contabilidade geralmente aceitos, devendo observar métodos ou critérios contábeis uniformes no tempo e registrar as mutações patrimoniais segundo o regime de competência.
(...)
§ 3º As demonstrações financeiras das companhias abertas observarão, ainda, as normas expedidas pela Comissão de Valores Mobiliários e serão obrigatoriamente submetidas a auditoria por auditores independentes nela registrados.
(...)
§ 5º As normas expedidas pela Comissão de Valores Mobiliários a que se refere o § 3º deste artigo deverão ser elaboradas em consonância com os padrões internacionais de contabilidade adotados nos principais mercados de valores mobiliários.
[16] No sítio eletrônico do IFRS é possível verificar que os "standards" IFRS são emitidos pelo IASB. In: https://www.ifrs.org/about-us/who-we-are/. Acesso em 15/07/2018, às 00:50.
[17] LOPES, Alexsandro Broedel. MOSQUERA, Roberto Quiroga. O Direito Contábil – Fundamentos Conceituais, Aspectos da Experiência Brasileira e Implicações. *In*: **Controvérsias Jurídico-Contábeis (Aproximações e Distanciamentos).** Coord: Roberto Quiroga Mosquera, Alexsandro Broedel Lopes. São Paulo: Dialética, 2010, p. 56-81.

FUSÕES E AQUISIÇÕES

Atualmente, conforme dados divulgados no sítio eletrônico do IFRS[18], os padrões internacionais de Contabilidade são de adoção obrigatória em 125 países, sendo que ainda há jurisdições onde, apesar da não obrigatoriedade, há permissão legal para a utilização de tais critérios.

No Brasil, como comentado, para viabilizar o processo de migração aos padrões internacionais, a Lei nº 11.638/07 alterou os dispositivos da Lei nº 6.404/76 que conflitavam com os padrões do IFRS, o que trouxe desafios em relação ao modo de interação dos novos padrões contábeis com o ordenamento fiscal então vigente em virtude das matérias alteradas, como no tema que se coloca no presente livro e outros temas de extrema relevância.[19]

Destaque-se que as alterações realizadas na Lei nº 11.638/07 não garantia a adoção completa aos padrões IFRS, que dependiam de um detalhamento de normas contábeis muito mais profundo, o que somente seria possível com a incorporação dos extensos pronunciamentos contábeis internacionais publicados pelo IASB ao nosso ordenamento.

Para tanto, a Lei nº 11.638/07, por seu artigo 5º, acrescentou o artigo 10-A à Lei nº 6.385, de 7 de dezembro de 1976[20], facultando à CVM, ao BACEN e demais órgãos e agências reguladoras a celebração de convênio com entidade que tenha por objeto o estudo e a divulgação de princípios, normas e padrões de contabilidade, o CPC, e adotar, no todo ou em parte, os pronunciamentos e demais orientações técnicas emitidas por tal órgão.[21]

---

[18] https://www.ifrs.org/about-us/who-we-are/.

[19] Tais como a avaliação a valor justo de ativos e passivos, a avaliação a valor presente, o tratamento a ser conferido aos intangíveis, dentre outros

[20] Art. 10-A. A Comissão de Valores Mobiliários, o Banco Central do Brasil e demais órgãos e agências reguladoras poderão celebrar convênio com entidade que tenha por objeto o estudo e a divulgação de princípios, normas e padrões de contabilidade e de auditoria, podendo, no exercício de suas atribuições regulamentares, adotar, no todo ou em parte, os pronunciamentos e demais orientações técnicas emitidas. (Incluído pela Lei nº 11.638, de 2007)

[21] São sempre válidas as palavras de contadores sobre este tema:
"E um importante passo, no Brasil, foi dado pela criação do CPC – Comitê de Pronunciamentos Contábeis. Depois de duas décadas, seis entidades não governamentais entraram em acordo, uniram-se, e cinco delas pediram à sexta a formalização do Comitê. Assim, o CFC – Conselho Federal de Contabilidade, a pedido da APIMEC NACIONAL – Associação dos Analistas e dos Profissionais de Investimento do Mercado de Capitais, da ABRASCA – Associação Brasileira das Companhias Abertas, da BM&BOVESPA – Bolsa de Mercadorias, Valores e Futuros, da FIPECAFI – Fundação Instituto de Pesquisas Contábeis, Atuariais e Financeiras (conveniada à FEA/USP) e do IBRACON – Instituto dos Auditores Independentes do Brasil, emitiu sua

É válido destacar que para os pronunciamentos do CPC terem efeito de normas contábeis para as Companhias participantes dos diversos mercados, faz-se necessário que a respectiva entidade envolvida aprove em resolução própria a observância dos pronunciamentos. Nas palavras dos respeitados contadores:

> Assim, o processo acordado no Brasil é o de o CPC, primeiramente, emitir seu Pronunciamento Técnico, após discussão com as entidades envolvidas e audiência pública; posteriormente, tem-se o órgão público (CVM, BACEN, SUSEP etc.) ou mesmo privado (CFC etc.) emitindo sua própria resolução, acatando e determinando o seguimento desse Pronunciamento do CPC. Assim fica o Pronunciamento transformado em "norma" a ser seguida pelos que estiverem subordinados a tais órgãos. Com isso, a CVM, por exemplo, emite sua Deliberação (como tem feito, desde 1986, com pronunciamentos emitidos pelo IBRACON) aprovando o Pronunciamento do CPC; o próprio CFC emite sua Resolução fazendo o mesmo, idem com o BACEN, a SUSEP etc.[22]

Então, se o padrão contábil superado se destinava, em um primeiro momento, ao manuseio das autoridades fiscais, o IFRS, a seu turno, mira de forma prioritária usuários externos, tais como acionistas, possíveis investidores e os credores da companhia, buscando demonstrar que a Contabilidade não é uma técnica de mensuração estanque, visto que se "adapta às demandas da sociedade", como bem enfatizam Roberto Quiroga Mosquera e Alexsandro Broedel Lopes.[23]

Com os padrões IFRS, é destaque a "libertação" das normas tributárias que alteravam os padrões de escrituração contábil, como elucidam Luís Eduardo Schoueri e Vinicius Feliciano Tersi: "Quer dizer, a Nova Contabilidade não vê mais o Direito Tributário como um vetor, mas como mero

---

Resolução nº 1.055/05, criando esse Comitê. Ele está sendo suportado materialmente pelo Conselho Federal de Contabilidade, mas possui total e completa independência em suas deliberações (Pronunciamentos Técnicos, Interpretações e Orientações)." GELBCKE, Ernesto Rubens. SANTOS, Ariovaldo dos. IUDÍCIBUS, Sérgio de. MARTINS, Eliseu. **Manual de Contabilidade societária: aplicável a todas as sociedades: de acordo com as normas internacionais e do CPC**, 3ª Ed. São Paulo: Atlas, 2018, p. 14.

[22] GELBCKE, Ernesto Rubens. SANTOS, Ariovaldo dos. IUDÍCIBUS, Sérgio de. MARTINS, Eliseu. **Manual de Contabilidade societária: aplicável a todas as sociedades: de acordo com as normas internacionais e do CPC**, 3ª Ed. São Paulo: Atlas, 2018, p. 14.

[23] LOPES, Alexsandro Broedel. MOSQUERA, Roberto Quiroga. Op. cit.

fornecedor de uma informação a ser registrada: o valor dos tributos devidos, registrados como despesa no exercício."[24]

Nesse sentido, a adoção dos padrões IFRS confere maior segurança ao investidor, notadamente o estrangeiro, balizando as demonstrações financeiras das entidades brasileiras e facilitando a leitura sobre suas atividades para quem investe ou estuda investir nas companhias participantes do mercado financeiro e de capitais brasileiro.

São elucidativas as palavras de Luís Eduardo Schoueri e Vinicius Feliciano Tersi sobre os novos padrões contábeis:

> Seguindo tendência que já se verificava em outros mercados, também o legislador brasileiro se viu forçado a oferecer ao mercado a necessária transparência da realidade econômica. Foi o momento do resgate do papel da contabilidade, não mais serva do legislador tributário, mas protagonista na legislação de mercado de capitais. Às demonstrações financeiras, reservava-se doravante papel de guia acerca da situação econômica do negócio. Importava aos investidores e ao mercado em geral conhecer a efetiva viabilidade do negócio, seus percalços e oportunidades. Abandonava-se, em síntese, o formalismo, passando-se a introduzir uma consideração econômica do negócio.[25]

Nesse sentido, os padrões IFRS, em linhas gerais, sempre em busca da essência econômica, visa a determinar regras voltadas a proteger o mercado de capitais e o investidor que aplica seus recursos, baseando-se em alguns pilares para o cumprimento de seus objetivos, conforme destacou Fernando Daniel de Moura Fonseca[26]:

(i) desvinculação da forma jurídica adotada pelos agentes sempre que essa forma se afaste da substância econômica dos atos praticados – primazia da essência econômica sobre a forma jurídica;

(ii) adoção de normas mais flexíveis, muitas vezes baseada em princípios, que conferem ao contador maior liberdade no processo contábil;

---

[24] SCHOUERI, Luís Eduardo. TERSI, Vinicius Feliciano. *In*: **Controvérsias Jurídico-Contábeis (Aproximações e Distanciamentos).** Coord: Roberto Quiroga Mosquera, Alexsandro Broedel Lopes, v.2. São Paulo: Dialética 2011, p. 114.

[25] SCHOUERI, Luís Eduardo. TERSI, Vinicius Feliciano. *In*: **Controvérsias Jurídico-Contábeis (Aproximações e Distanciamentos).** Coord: Roberto Quiroga Mosquera, Alexsandro Broedel Lopes, v.2. São Paulo: Dialética 2011, p. 114.

[26] FONSECA, Fernando Daniel de Moura. Op. Cit., p. 78-79.

(iii) reconhecimento de ganhos não realizados, aferidos com base em oscilações de valor; e

(iv) progressivo abandono do custo histórico e maior adoção do valor justo.

Ou seja, a busca pela essência econômica faz com que a Contabilidade padrão IFRS preveja que o registro de ativos e passivos seja realizado, em larga escala, em estimativas que buscam capturar o valor justo de bens, direitos e obrigações e, em certos casos, o valor presente de ativos e passivos de longo prazo, com reflexos diretos no resultado ou no patrimônio líquido, conforme o caso.

Destaque-se, como já mencionado, que o tema do presente livro, o ágio, sofreu alterações com a nova Contabilidade, tendo o CPC 15 sido editado para que, contabilmente, fosse determinado como se daria a alocação do valor pago em uma operação de combinação de negócios pela aquisição de participações societárias avaliadas pelo método da equivalência patrimonial, o que impacta diretamente o valor a ser amortizado para fins fiscais.

Por ora, vale mencionar que o CPC 15 exige que o ágio por expectativa de rentabilidade futura (*goodwill*) deva ser registrado pelo valor residual, após a devida alocação em PL e posterior avaliação de determinados elementos do patrimônio da investida a valor justo, conforme item 32 do CPC 15 e que serão apresentadas com a devida profundidade no Capítulo 4 deste trabalho.

Enquanto as novas regras contábeis privilegiam a essência econômica em detrimento da forma jurídica, as regras fiscais tradicionalmente adotavam a forma jurídica como ponto de partida para definir a incidência de tributos, o que representou uma turbulência na relação entre a Contabilidade e o Direito. A distinção entre a essência econômica e a forma jurídica foi bem tratada por Elidie Bifano[27], que concluiu:

> É possível afirmar-se que a relação entre a Contabilidade e o Direito, a partir da edição da Lei nº 11.638/07, modificou-se substancialmente: a escrituração contábil, regulada em lei e utilizada pelo Direito em muitas de suas

---

[27] BIFANO, Elidie Palma. Contabilidade e Direito: a Nova Relação. *In*: **Controvérsias Jurídico-Contábeis (Aproximações e Distanciamentos).** Coord: Roberto Quiroga Mosquera, Alexsandro Broedel Lopes. São Paulo: Dialética, 2010, p. 116-137.

manifestações, afastou-se, quase que completamente, do registro de transações e eventos com base na forma jurídica contratada; hoje, prevalece para fins contábeis a essência econômica do negócio, independentemente da sua contratação e do instrumento, ato ou fato que envolvam a transação.

O mencionado conflito, que é o centro de debates entre essas ciências e será melhor abordado no subtópico seguinte, surge em virtude das medidas de reconhecimento e mensuração do processo contábil privilegiar a essência econômica dos eventos em detrimento da sua respectiva forma jurídica.

Antes de seguirmos, em vista do despreparo dos atuantes do Direito Tributário (inclusive a própria RFB), o legislador editou a Lei nº 11.941/2009 para instituir o RTT e determinar que os métodos e critérios contábeis inaugurados pela aludida Lei nº 11.638/2007 não produziriam efeitos até que lei disciplinasse os efeitos tributários correspondentes a tais métodos, objetivando alcançar neutralidade tributária.[28]

2.3. A Relação entre Direito Tributário e Contabilidade
Como visto, a relação entre Direito e Contabilidade é marcada pelo conflito referente à leitura dos correspondentes fatos ocorridos de acordo com as especificidades impostas por cada ciência: essência econômica x forma jurídica. É o que se passa a examinar.

2.3.1. Prevalência da Essência Econômica em Detrimento da Forma Jurídica para a Contabilidade
Por mais que a Contabilidade no Brasil já tivesse como um dos pilares a (idealizada) prevalência da essência sobre a forma antes da adoção do padrão IFRS[29], a discussão ressurge após as alterações promovidas pela Lei nº 11.638/07.

---

[28] Art. 15. Fica instituído o Regime Tributário de Transição – RTT de apuração do lucro real, que trata dos ajustes tributários decorrentes dos novos métodos e critérios contábeis introduzidos pela Lei no 11.638, de 28 de dezembro de 2007, e pelos arts. 37 e 38 desta Lei. § 1º O RTT vigerá até a entrada em vigor de lei que discipline os efeitos tributários dos novos métodos e critérios contábeis, buscando a neutralidade tributária.

[29] Que, por mais que fosse um princípio contábil existente antes da adoção do padrão IFRS (Deliberação 29/1986 da CVM, tal princípio deixou de ser observado em diversas ocasiões por conta da adoção da forma jurídica pelo Fisco nas intervenções realizadas na escrituração das Companhias.

BREVES NOÇÕES SOBRE A EVOLUÇÃO DOS PADRÕES CONTÁBEIS NO BRASIL

Sérgio de Iudícibus ensina que "A prevalência da essência sobre a forma é, certamente, a principal raiz que nutre e sustenta toda a árvore contábil"[30], devendo o registro contábil de determinado evento levar em conta o efeito econômico dele derivado, "ainda que essa qualificação esteja dissociada do tratamento legal atribuído a esse mesmo evento".[31]

Nas palavras de Ricardo Mariz de Oliveira, "A essência, portanto, é o dado econômico subjacente ao negócio, e a forma é a estrutura jurídica do negócio."[32] No mesmo sentido, João Francisco Bianco:

> (...) enquanto para a contabilidade os eventos devem ser registrados nos livros contábeis em função de sua aparência econômica, independentemente da natureza jurídica dos negócios realizados, para o Direito Tributário dá-se exatamente o oposto: os acréscimos e decréscimos patrimoniais devem ser registrados nos livros fiscais em função da natureza jurídica dos negócios realizados, independentemente da sua aparência econômica.[33]

Nessa linha, diz-se que a Contabilidade tem autonomia para qualificar os eventos de acordo com critérios próprios, buscando sempre retratar a essência econômica refletida na transação, conforme inclusive reconhece o Parecer de Orientação da Comissão de Valores Mobiliários nº 37/2011:

> Como se vê, embora não haja citação expressa do princípio da essência sobre a forma, seus fundamentos são alçados a um nível superior, ou seja, o princípio permeia integralmente o processo de reconhecimento, mensuração e divulgação de informações contábeis.
>
> Assim, as regras contábeis não devem servir de "escudo" que impeça a representação verdadeira e apropriada das transações econômicas. Nos raros casos em que a aplicação de alguma norma (integral ou parcialmente) colida

---

[30] IUDÍCIBUS, Sérgio de. Essência sobre a Forma e o Valor Justo: duas Faces da Mesma Moeda. *In*: **Controvérsias Jurídico-Contábeis (Aproximações e Distanciamentos).** Coord: Roberto Quiroga Mosquera, Alexsandro Broedel Lopes. São Paulo: Dialética 2010, p. 464-478.

[31] FONSECA, Fernando Daniel de Moura. Op. Cit., pág. 80.

[32] OLIVEIRA, Ricardo Mariz de. A Tributação da Renda e sua Relação com os Princípios Contábeis Geralmente Aceitos. *In*: **Controvérsias Jurídico-Contábeis (Aproximações e Distanciamentos).** Coord: Roberto Quiroga Mosquera, Alexsandro Broedel Lopes. São Paulo: Dialética 2010, p. 398-417.

[33] BIANCO, João Francisco. Aparência Econômica e Natureza Jurídica. *In*: **Controvérsias Jurídico-Contábeis (Aproximações e Distanciamentos).** Coord: Roberto Quiroga Mosquera, Alexsandro Broedel Lopes. São Paulo: Dialética 2010, p. 174-184.

com a representação adequada da realidade econômica, esta última deve prevalecer (...)

Isto, porém, não significa que a Contabilidade deva ignorar a forma jurídica, até porque as relações envolvendo sujeitos de Direito são criadas e regidas por normas jurídicas. Neste ponto, Ricardo Mariz de Oliveira ensina que

> Em geral, não há dificuldade para a contabilidade registrar o fato econômico exatamente como ele é no direito (contratos de compra e venda ou de empréstimo, ou qualquer outro), ocorrendo as diferenças em caráter excepcional, quando o contabilista 'enxerga' (por interpretação segundo sua ótica), no negócio jurídico praticado, algum efeito semelhante ao de outro negócio jurídico.[34]

Em conclusão, os padrões IFRS tem como principal vetor o registro de eventos com base na essência econômica, de modo que as alterações promovidas ao ordenamento jurídico brasileiro visam a afastar a antiga Contabilidade, contaminada pela forma jurídica das leis tributárias que criavam padrões de escrituração, para determinar que o referencial dos registros contábeis seja o efeito econômico ou financeiro subjacente de determinado evento, alterando-a da qualificação jurídica para a substância econômica.

2.3.2. Prevalência da Forma Jurídica para o Direito e seu Conflito com a Contabilidade

Diferentemente da Contabilidade, o Direito se apoia na natureza jurídica dos elementos de um negócio jurídico para definir os seus efeitos. Diante disso é que, para o Direito Tributário, as incidências fiscais devem seguir estritamente o que prevê a Constituição Federal e as Leis (complementares e ordinárias), não importando se a essência econômica, para a Contabilidade, indique consequência distinta da prevista pela norma jurídica.

Nessa linha, o Imposto sobre a Renda é um interessante exemplo para entender tais distinções, dispondo a Constituição Federal, no artigo 153,

---

[34] OLIVEIRA, Ricardo Mariz de. A Tributação da Renda e sua Relação com os Princípios Contábeis Geralmente Aceitos. *In*: **Controvérsias Jurídico-Contábeis (Aproximações e Distanciamentos).** Coord: Roberto Quiroga Mosquera, Alexsandro Broedel Lopes. São Paulo: Dialética 2010, p. 398-417.

inciso III, que compete à União instituir imposto sobre a renda e proventos de qualquer natureza, cabendo à Lei Complementar[35], em vista do disposto no artigo 146, inciso III, alínea "a", da Constituição Federal, definir o conceito de "Renda" para determinação do fato gerador do tributo.

A definição do conceito de Renda é importante para garantir que a União não ultrapasse o que lhe foi constitucionalmente assegurado para fins de tributação do Imposto em questão, por conta do Princípio da Legalidade, previsto no artigo 150, I, da Constituição Federal.

Nesse sentido, o artigo 43 do CTN[36] definiu como fato gerador deste imposto os acréscimos patrimoniais percebidos pelo contribuinte, que podem ser divididos em: (i) acréscimo patrimonial proveniente das rendas como produto do capital, do trabalho ou da combinação de ambos, conforme definido no inciso I do referido dispositivo; e (ii) acréscimo patrimonial proveniente dos demais acréscimos patrimoniais não abrangidos pela tributação definida no inciso I do artigo 43 do CTN.

Ou seja, o que o CTN fez foi definir como renda tributável os acréscimos patrimoniais. Importantes são as lições de Ricardo Mariz de Oliveira:

> Na verdade, e aqui chegamos à segunda constatação relativa ao conteúdo do fato gerador do imposto de renda: é ele constituído pelo aumento patrimonial derivado das rendas do trabalho, do capital ou da combinação de ambos, ou de quaisquer outras causas eficientes (internas) a produzir este efeito, que o art. 43 cataloga como proventos de qualquer natureza.

Além disso, o artigo 43 ainda determina que, além do acréscimo patrimonial, a renda adquirida deve estar disponível ao contribuinte, sendo que tal disponibilidade deve ser econômica ou jurídica – não entraremos na discussão relacionada às distinções sobre as disponibilidades, bastando que se compreenda que o relevante é haver algum nível de disponibilidade, não importando se econômica ou jurídica[37]

---

[35] No caso, o CTN, Lei ordinária com status de Lei Complementar.

[36] Art. 43. O imposto, de competência da União, sobre a renda e proventos de qualquer natureza tem como fato gerador a aquisição da econômica ou jurídica:
I – de renda, assim entendido o produto do capital, do trabalho ou da combinação de ambos;
II – de proventos de qualquer natureza, assim entendidos os acréscimos patrimoniais não compreendidos no inciso anterior.

[37] "O que importa – e isso é relevante para o legislador complementar – é haver alguma disponibilidade". SCHOUERI, Luís Eduardo. O Mito do Lucro Real na Passagem da Disponi-

Portanto, a legislação exige (i) aquisição da disponibilidade da renda e (ii) acréscimo patrimonial como elementos capazes de disparar a tributação do Imposto de Renda, não bastando que o simples resultado contábil implique a automática tributação pelo imposto.

Nesse sentido, inclusive, existem discussões relacionadas à existência de acréscimo patrimonial em função da ausência de aquisição da disponibilidade da renda, como nos casos da AVJ de ativos ou passivos, prevista nos artigos 13 e 14 da Lei nº 12.973/14.[38]

Ou seja, apesar de a Contabilidade ser instrumento do Direito Tributário, já que o legislador previu, no artigo 6º do Decreto-Lei nº 1.598/77, que o Lucro Real é o lucro líquido apurado pela Contabilidade e ajustado pelas adições, exclusões e compensações previstas na legislação tributária, potencial acréscimo patrimonial verificado por ocasião da elaboração das demonstrações financeiras não implicará na necessária tributação pelo Imposto de Renda.

Nesse ponto, inclusive, são importantes as lições de Victor Borges Polizelli, para quem o Direito Tributário é ligado ao Direito Contábil justamente em vista da referida regra, havendo, assim, uma conformidade do

---

bilidade Jurídica para a Disponibilidade Econômica. *In*: **Controvérsias Jurídico-Contábeis (Aproximações e Distanciamentos)**. Coord: Roberto Quiroga Mosquera, Alexsandro Broedel Lopes. São Paulo: Dialética 2010, p. 241-264.

[38] A AVJ é um instituto contábil que, nos termos do CPC 46, tem por objetivo mensurar de modo específico um ativo ou passivo da entidade com base no seu valor de mercado, estimando o preço pelo qual uma transação não forçada para vender o ativo ou transferir um passivo ocorreria entre participantes do mercado. Sobre as discussões fiscais relacionadas ao tema: Tonnani, Fernando; Gomes, Bruno. O conceito e a natureza jurídica do ajuste a valor justo e seu tratamento nas reorganizações societárias. *In*: Mosquera, Roberto Quiroga; Lopes, Alexsandro Broedel. **Controvérsias jurídico-contábeis (aproximações e distanciamentos), v. 6.** São Paulo: Dialética, 2015; Neder, Marcos Vinicius; Vargas, Manoela Nunes Dias. Os efeitos tributários nas transferência de ativos avaliados a valor justo nas reorganizações societárias. *In*: *In*: Mosquera, Roberto Quiroga; Lopes, Alexsandro Broedel. **Controvérsias jurídico-contábeis (aproximações e distanciamentos), v. 6.** São Paulo: Dialética, 2015; Pinto, Alexandre Evaristo. A avaliação a valor justo e a disponibilidade econômica da renda. *In*: Mosquera, Roberto Quiroga; Lopes, Alexsandro Broedel. **Controvérsias jurídico-contábeis (aproximações e distanciamentos), v. 6.** São Paulo: Dialética, 2015; Lauletta, Andrea Bazzo. A revolução contábil na aplicação de ajustes de avaliação a valor justo (AVJ) de ativos e passivos e os efeitos na tributação corporativa. *In*: **Sinopse tributária: 2014-2015: Mattos Filho, Veiga Filho, Marrey Jr. e Quiroga Advogados.** São Paulo: Impressão Régia, 2015.

Direito Tributário do imposto de renda com os parâmetros contábeis, pela escolha do método da *liderança da Contabilidade*[39]:

> Fala-se da liderança da Contabilidade (e não dominância) porque, apesar de haver tal conexão normativa entre o Direito Tributário e o Direito Contábil, o legislador tributário tem liberdade para considerar como não dedutíveis para fins do IRPJ despesas que tenham sido admitidas pela Contabilidade e, do mesmo modo, tratar como não tributáveis pelo IRPJ algumas receitas integrantes do lucro comercial.

Assim é que, observando o aludido exemplo do Imposto de Renda, por vezes receitas apuradas na Contabilidade que não cumprem determinados requisitos previstos pela legislação tributária para a correspondente tributação (como dividendos recebidos de outras pessoas jurídicas, outras receitas isentas, entre outras) devem ser excluídas para fins do IRPJ e da CSLL, ao passo que despesas incorridas indedutíveis devem ser adicionadas para fins da respectiva tributação. Nas palavras de Luís Eduardo Schoueri[40]:

> Também no lucro real somam-se receitas e despesas. Não obstante, nem toda receita reconhecida pela contabilidade é igualmente reconhecida para fins tributários
>
> (...)
>
> Tem-se, assim, um caso de disparidade entre o lucro contábil e o lucro tributário, já que o primeiro será composto por uma receita que não será incluída para fins do segundo.
>
> Do mesmo modo, pode-se cogitar de uma despesa, reconhecida para fins contábeis, mas que a legislação tributária não permite que seja usada para diminuir o lucro real.

Adicionalmente, não obstante impactar o resultado contábil de determinada entidade, as receitas decorrentes da avaliação a valor justo de ativos

---

[39] POLIZELLI, Victor Borges. **O Princípio da Realização da Renda – Reconhecimento de Receitas e Despesas para Fins do IRPJ** – Série Doutrina Tributária Vol. VII – São Paulo: Quartier Latin, 2012, p. 210.

[40] SCHOUERI, Luís Eduardo. O Mito do Lucro Real na Passagem da Disponibilidade Jurídica para a Disponibilidade Econômica. *In*: **Controvérsias Jurídico-Contábeis (Aproximações e Distanciamentos)**. Coord: Roberto Quiroga Mosquera, Alexsandro Broedel Lopes. São Paulo: Dialética 2010, p. 241-264.

FUSÕES E AQUISIÇÕES

ou passivos, instituto inaugurado no ordenamento jurídico pela Contabilidade padrão IFRS, são um bom exemplo de receitas que, antes da realização do ativo ou passivo correspondente, não representam ganhos à entidade para fins de tributação do IRPJ e da CSLL em função das características destes tributos.[41]

Tal conflito se revela em virtude de o conceito de renda, para o Direito Tributário, decorrer da sua forma jurídica definida na Constituição Federal e nas respectivas Leis que tratam do imposto, especialmente o artigo 43 do CTN, ao passo que os padrões IFRS preveem o registro das receitas decorrentes da AVJ em função de meras oscilações de valor, com a finalidade de aproximar a realidade econômica da Entidade no momento do correspondente registro contábil.

Ou seja, a ideia é que sejam aplicados métodos para demonstrar o valor justo de determinado ativo, de modo que as receitas provenientes de tal avaliação compõem o resultado da entidade pelo respectivo efeito econômico apresentado[42], sem, porém, representar um acréscimo patrimonial tributável para fins da tributação pelo IRPJ e CSLL.

O exemplo da compra com retrovenda facilita a visualização das diferenças:

> Para o Direito, portanto, as partes são livres para contratar tanto o mútuo como a compra com retrovenda. E, embora os mesmos fins econômicos sejam atingidos com ambos os contratos, cada um deles tem natureza jurídica própria, distinta do outro, e segue regime jurídico próprio, distinto do outro. E logicamente cada um deles será submetido a regime tributário próprio,

---

[41] Apesar da discussão acerca da desnecessidade de subcontas, fato é que estas são impostas pela legislação, de modo que a não tributação dos ganhos de AVJ depende da evidenciação de tais ganhos em subcontas, nos termos do artigo 13 da Lei nº 12.973/14. Apesar disso, existem discussões se, em função da disponibilidade da renda, a ausência de controle em subcontas implicaria na necessária tributação do AVJ.

[42] Como ensina Fernando Daniela de Moura Fonseca, o que busca o IFRS é "se aproximar, tanto quanto possível, da realidade econômica, ainda que isso imponha certo afastamento do princípio da prudência. A diferença em relação ao modelo econômico defendido nas primeiras décadas do século XX está no fato de que a adoção dos ganhos e perdas com base em meras oscilações de valor deve ocorrer de forma gradual, sempre que seja possível aplicar métodos seguros e com uma carga de subjetividade responsável." FONSECA, Fernando Daniel de Moura. **Normas Tributárias e a convergência das regras contábeis internacionais.** Rio de Janeiro: Lumen Juris, 2015, p. 86.

distinto do outro, pois a incidência tributária segue a natureza jurídica da operação realizada e não a sua essência econômica.[43]

É importante destacar que, não obstante tais conflitos, a legislação brasileira não deixou de lado os efeitos relacionados à adoção dos padrões IFRS (que modificam o critério de reconhecimento de receitas, custos e despesas) para fins tributários[44], tendo a Lei nº 12.973/14, que será estudada mais à frente, o papel de regular os efeitos tributários advindos da adoção dos padrões IFRS, adequando a Nova Contabilidade ao sistema tributário brasileiro, iniciando uma nova página na tributação corporativa brasileira.[45]

Ora, a partir do momento em que a legislação tributária adotou, conforme o já mencionado artigo 6º do Decreto-Lei nº 1.598/77, a Contabilidade como ponto de partida para apuração do lucro real, a adoção da contabilidade internacional no Brasil reforçou que os padrões IFRS passassem a ser obrigatórios para todas as Companhias brasileiras, especialmente para aquelas que adotam o lucro real como sistemática de tributação.

Adicionalmente, a edição da Lei nº 12.973/14 reforça tal obrigatoriedade por dois motivos: (i) reforçar que a Contabilidade é o ponto de partida de apuração do lucro real; e (ii) impedir que a modificação de novos critérios contábeis posteriores à edição da lei em questão produzam efeitos na apuração dos tributos federais até que lei tributária regule o tema (regra da neutralidade).

---

[43] E finaliza o autor demonstrando as diferentes incidências fiscais correspondentes ao mútuo e à retrovenda, que, não obstante na contabilidade tenham essências econômicas similares, tal leitura não srá capturada pelo Direito. BIANCO, João Francisco. *Aparência Econômica e Natureza Jurídica*. *In*: **Controvérsias Jurídico-Contábeis (Aproximações e Distanciamentos).** Coord: Roberto Quiroga Mosquera, Alexsandro Broedel Lopes. São Paulo: Dialética 2010, p. 181.

[44] Em virtude do recorte desse livro, não abordamos o Regime Tributário de Transição (RTT), criado pela Lei nº 11.941/09 (e vigente até o início dos efeitos da Lei nº 12.973/14) para garantir e assegurar que a Contabilidade padrão IFRS não refletisse na tributação das sociedades brasileiras até que Lei com este propósito o fizesse, justamente com o objetivo de garantir a obediência ao Princípio da Legalidade previsto na Constituição Federal.

[45] Note que, nos termos do artigo 58 da Lei nº 12.973/14 e em vista do já referido Princípio da Legalidade, os temas contábeis que forem objeto de modificação após a edição da referida lei não surtirão efeitos para fins tributários até que lei o regule. Ou seja, a própria lei garantiu que a modificação de padrões IFRS, que privilegiam a essência econômica sobre a forma jurídica, não modificarão a tributação das sociedades brasileiras em virtude justamente de o Direito Tributário, ditado por normas jurídicas, não ter regulado tais matérias.

Especificamente sobre esse último ponto, conclui-se pela obrigatoriedade de apuração da escrituração fiscal de acordo com o padrão IFRS em uma interpretação contrária do artigo 58 da aludida Lei, na medida em que, se novos critérios contábeis demandam a edição de lei tributária que regule a matéria, presume-se que os métodos antigos (IFRS) foram regulados pela Lei tributária e, portanto, devem ser adotados pelas Companhias brasileiras.

Feitas essas considerações iniciais (e sem o propósito de esgotá-las) acerca do conflito entre Direito e Contabilidade, adentraremos, no capítulo a seguir, à análise do tema deste livro: o ágio.

3
Tratamento do Ágio na Vigência da Lei nº 9.532/97

Antes de continuarmos, pontue-se que as regras que serão a seguir demonstradas eram aplicáveis às transações ocorridas até 31.12.2014, cujos respectivos eventos de incorporação, fusão ou cisão tenha ocorrido até 31.12.2017, conforme artigo 65 da Lei nº 12.973/14.[46]

Dessa forma, o presente capítulo tem por finalidade demonstrar os aspectos fiscais envolvidos na figura do ágio "antigo", previsto pela redação original do Decreto-Lei nº 1.598/77 e cuja amortização fiscal foi autorizada pela Lei nº 9.532/97.

Em que pese a Lei nº 12.973/14 tenha modificado toda a estrutura de apuração e respectivo aproveitamento fiscal do ágio (atualmente denominado *goodwill*), e, por consequência, não existir mais nos dias atuais a apuração e aproveitamento do ágio de acordo com as regras previstas na Lei nº 9.532/97, o ágio antigo ainda é responsável por uma série de discussões tanto perante o CARF, quanto ao Poder Judiciário .

Diante disso, os aspectos fiscais a serem abordados neste capítulo relacionam-se não só às regras previstas para apuração e amortização do ágio e

---

[46] Art. 65. As disposições contidas nos arts. 7º e 8º da Lei nº 9.532, de 10 de dezembro de 1997, e nos arts. 35 e 37 do Decreto-Lei no 1.598, de 26 de dezembro de 1977, continuam a ser aplicadas somente às operações de incorporação, fusão e cisão, ocorridas até 31 de dezembro de 2017, cuja participação societária tenha sido adquirida até 31 de dezembro de 2014.

Parágrafo único. No caso de aquisições de participações societárias que dependam da aprovação de órgãos reguladores e fiscalizadores para a sua efetivação, o prazo para incorporação de que trata o caput poderá ser até 12 (doze) meses da data da aprovação da operação.

FUSÕES E AQUISIÇÕES

deságio "antigos", mas também à apresentação dos principais temas[47] que, ao longo dos anos, foram (e ainda são) objeto de discussão.

3.1. O Regime Jurídico da Apuração do Ágio e Deságio de Acordo com as Regras Antigas

O presente tópico apresentará o regime jurídico do ágio antigo, isto é, o tratamento jurídico-tributário aplicável ao sobrepreço pago por ocasião da aquisição de participações societárias na vigência da Lei nº 9.532/97. Dessa forma, como, de maneira geral, as operações de fusões e aquisições envolvem o pagamento do aludido sobrepreço, a dedutibilidade da amortização do ágio dependia do atendimento às regras adiante demonstradas.

Para fins didáticos, preferiu-se, primeiro, apresentar as regras atinentes à apuração do ágio para, em seguida, demonstrar as normas que permitem a respectiva dedução para fins fiscais de acordo com a legislação tributária.

Como já apontado, a ideia do ágio se relaciona ao sobrepreço pago na aquisição de determinado bem, ou melhor, "Ágio é, em noção comum, algo que se paga por um bem, em montante superior ao que seria o parâmetro esperado."[48]

Assim é que, nos termos da antiga redação do artigo 20 do Decreto-Lei nº 1.598/77[49], o contribuinte que adquirisse participação societária em determinada sociedade e, por consequência, fosse obrigado a avaliar o investimento adquirido pelo método da equivalência patrimonial (MEP) deveria desdobrar o custo de aquisição em: (i) valor de PL na época da aquisição do investimento e (ii) ágio ou deságio, que seria a diferença entre o custo de aquisição do investimento e o referido valor de PL.

Isso significa que "O ágio se forma quando uma empresa adquire participação relevante em outra sociedade, sujeitando-se, daí, ao método de

---

[47] Serão apresentados, de forma breve, temas como (i) utilização de empresa-veículo para amortização do ágio, (ii) rentabilidade futura, dentre outros.

[48] SCHOUERI, Luís Eduardo. **Ágio em reorganizações societárias (aspectos tributários)**. São Paulo: Dialética, 2012, p. 13.

[49] Art. 20. O contribuinte que avaliar investimento pelo valor de patrimônio líquido deverá, por ocasião da aquisição da participação, desdobrar o custo de aquisição em:

I – valor de patrimônio líquido na época da aquisição, determinado de acordo com o disposto no artigo 21; e

II – ágio ou deságio na aquisição, que será a diferença entre o custo de aquisição do investimento e o valor de que trata o número I.

equivalência patrimonial"[50], sendo o ágio o sobrepreço pago em relação ao PL da entidade adquirida, conforme veremos nas linhas que seguem.

Em relação às formas de aquisição das participações societárias[51], conforme bem observado por Roberto Quiroga Mosquera e Rodrigo de Freitas[52], os negócios jurídicos mais frequentes são: (i) **compra e venda**, em que a entidade adquirente recebe participações societárias "e paga o preço em moeda como contraprestação", sendo, neste caso, o custo de aquisição correspondente ao preço pago; (ii) **Subscrição e integralização de capital**, correspondendo ao negócio jurídico em que a entidade adquirente aumenta o capital mediante a subscrição de novas ações e recebe participações societárias da entidade adquirida como forma de integralização das ações subscritas – neste caso, o custo de aquisição é o valor correspondente às novas ações emitidas e integralizadas; e (iii) **Incorporação de ações**, que corresponde ao negócio jurídico previsto pelo artigo 252 da Lei das S/A, cujos "efeitos são semelhantes à subscrição e integralização de capital mencionada no item anterior" – neste caso, o custo de aquisição será o valor das novas ações emitidas em contraprestação às ações incorporadas.

Seguindo-se, importante destacar que o regime jurídico do instituto em questão é aplicável às entidades que (i) adquirirem participações societárias e, em decorrência de tal aquisição, (ii) sejam obrigadas à avaliação do aludido investimento por meio do MEP.

Em vista de importância do MEP para aplicação das regras das regras do ágio, relevante tecermos breves considerações sobre este instituto.

3.1.1. O Método da Equivalência Patrimonial

Apesar de o MEP demandar reflexões extensas que devam abranger não só a forma de avaliação dos investimentos, considerando os fins desse livro, serão apresentados os contornos básicos relacionados ao instituto.[53]

---

[50] Schoueri, Luís Eduardo. **Ágio em reorganizações societárias (aspectos tributários).** São Paulo: Dialética, 2012, p. 11.

[51] Ações ou quotas, a depender da entidade adquirida.

[52] Mosquera, Roberto Quiroga. Freitas, Rodrigo de. Aspectos Polêmicos do Ágio na Aquisição de Investimento: (i) Rentabilidade Futura e (ii) Ágio Interno. *In*: **Controvérsias jurídico-contábeis (aproximações e distanciamentos), 2º volume.** Coord. Roberto Quiroga Mosquera, Alexsandro Broedel Lopes. São Paulo: Dialética, 2011, p. 254.

[53] Aos interessados em aprofundar a matéria, remeto a leitura ao livro: Oliveira, Ricardo Mariz de. **Fundamentos do Imposto de Renda.** São Paulo: Quartier Latin, 2008.

Conforme item 3 do CPC 18, MEP é

> o método de contabilização por meio do qual o investimento é inicialmente reconhecido pelo custo e, a partir daí, é ajustado para refletir a alteração pós-aquisição na participação do investidor sobre os ativos líquidos da investida. As receitas ou as despesas do investidor incluem sua participação nos lucros ou prejuízos da investida, e os outros resultados abrangentes do investidor incluem a sua participação em outros resultados abrangentes da investida.

MEP, então, é o método de avaliação de investimentos em outras sociedades através do valor do PL da entidade investida, e não de acordo com o custo de aquisição do investimento (regra geral para a avaliação de ativos). Nessa linha, nos termos da redação vigente do artigo 248, combinado com o artigo 243 da Lei das S/A, serão avaliados pelo MEP os investimentos em[54]:

- Sociedades coligadas, aquelas cuja investidora tenha influência significativa (presumindo-se influência significativa quando a investidora for titular de 20% ou mais do capital votante da investida, sem controlá-la);
- Sociedades controladas, aquelas cuja controladora, diretamente ou através de outras entidades, é titular de direitos de sócio que lhe assegurem, de modo permanente, preponderância nas deliberações sociais e o poder de eleger a maioria dos administradores;
- Outras sociedades que façam parte de um mesmo grupo ou que estejam sob controle comum.

Destaque-se que a lei fiscal não cria o próprio conceito de MEP, mas utiliza do instituto criado pela legislação societária ao referir-se ao aludido método nos artigos 20 e 21 do Decreto-Lei 1.598/77, momento em que remete[55] ao artigo 248 da Lei das S/A, devendo o MEP definido pela lei

---

[54] As sociedades abaixo descritas, cuja avaliação pelo MEP se aplica, referem-se às alterações promovidas pela Lei nº 11.638/07 à Lei das S/A – antes, somente se submetiam à avaliação pelo MEP os investimentos relevantes, aqueles que ultrapassarem determinadas porcentagens do PL da investidora.

[55] Art. 21. Em cada balanço, o contribuinte deverá avaliar o investimento pelo valor de patrimônio líquido da investida, de acordo com o disposto no art. 248 da Lei nº 6.404, de 15 de dezembro de 1976, e com as seguintes normas:

societária ser o método utilizado pelas entidades para avaliação de investimento adquirido em determinadas condições.

Para fins do presente estudo, note que o valor do PL da sociedade investida interferirá diretamente no valor do investimento contabilizado, de acordo com a proporção detida pela investidora na sociedade investida, o que significa dizer que os lucros ou prejuízos apurados pela sociedade investida em determinado ano-calendário alterariam diretamente o valor do investimento registrado pela investidora[56] e, em consequência, o resultado contábil apurado por esta entidade. Nas palavras de Ricardo Mariz de Oliveira:

> Já quando a avaliação é feita na data de encerramento de um período-base da investidora, a diferença entre o valor do investimento avaliado anteriormente e o valor do investimento de acordo com a nova avaliação do patrimônio líquido deve ser debitado à conta do investimento caso positiva, isto é, quando o patrimônio líquido da investida tiver aumentado em relação à última anterior anterior, e deve ser creditada quando a diferença for negativa, ou seja, quando o patrimônio líquido da investida tiver diminuído desde a última avaliação.
>
> Na contabilidade da investidora, a contrapartida desses ajustes representa lucro ou prejuízo da participação societária (...)[57]

Destaque-se que tais ajustes são neutros para fins fiscais, em vista de isenção específica prevista no artigo 23 do Decreto-Lei 1.598/77[58] (replicada pelo artigo 389 do RIR/99), o que significa dizer que, em que pese influenciarem na determinação do lucro líquido da entidade, compondo o resultado contábil, para fins fiscais os valores serão excluídos ou adicionados[59] na apuração do lucro real, a depender do resultado apurado.

Para facilitar a visualização, tomem por exemplo que a Sociedade A é sociedade controladora da Sociedade B, detendo, como único ativo, 80% das quotas dessa sociedade e tendo, por consequência, obrigação de ava-

---

[56] Falando-se em lucros ou prejuízos de equivalência patrimonial.

[57] OLIVEIRA, Ricardo Mariz. **Fundamentos do Imposto de Renda.** São Paulo: Quartier Latin, 2008, pág. 734.

[58] Art. 23 – A contrapartida do ajuste de que trata o artigo 22, por aumento ou redução no valor de patrimônio líquido do investimento, não será computada na determinação do lucro real.

[59] Os valores apurados na contabilidade a título de resultado de MEP são excluídos da apuração do lucro real, caso a investida apresente lucro no exercício, ou adicionados, caso a investida apure prejuízo naquele período.

FUSÕES E AQUISIÇÕES

liar o investimento detido na aludida sociedade pelo MEP. Nesse cenário, imaginando que a Sociedade B possui um PL contabilizado de 1.000.000 no início do ano-calendário 1, a contabilização do aludido investimento na controladora ocorreria da seguinte forma:

Sociedade A - Balanço Patrimonial			
Ativo		**Passivo**	
Caixa	200.000		
Investimento - Sociedade B	800.000		
		Patrimônio líquido	
		Capital social	1.000.000

Imaginando-se, agora, que ao final do ano-calendário 1 a Sociedade B tenha apurado um lucro de 500.000, e que esse lucro não tenha sido distribuído aos seus sócios, fazendo com que o PL desta entidade tenha aumentado de 1.000.000 para 1.500.000. O registro contábil do investimento na controladora se daria da seguinte forma:

Sociedade A - Balanço Patrimonial			
Ativo		**Passivo**	
Caixa	200.000		
Investimento - Sociedade B	1.200.000		
		Patrimônio líquido	
		Capital social	1.000.000
		Resultado de MEP	400.000

O resultado de MEP correspondente ao aumento do investimento (400.000) será neutro para fins fiscais em virtude da aludida isenção prevista na legislação – nesse tocante, tal resultado não comporá a apuração do Lucro Real, mediante exclusão de tais montantes na Parte "A" do LALUR, nem deve ser incluída na apuração do PIS e da COFINS.[60]

---

[60] Artigo 1º, §3º, inciso V, alínea "b", das Leis nº 10.637/02 e 10.833/03: "b) reversões de provisões e recuperações de créditos baixados como perda, que não representem ingresso

Por fim, observe-se que a eventual distribuição de dividendos pela sociedade investida reduz o seu patrimônio líquido em vista da reserva de lucros ser uma conta do PL, o que impacta diretamente o registro do ativo na sociedade investidora, que necessariamente deverá ser reduzido em igual montante aos dividendos distribuídos, sem que, de igual forma, haja impacto na apuração do IRPJ e da CSLL.

Tecidas essas premissas sobre o MEP, a seguir serão apresentadas as diferenças existentes entre o ágio contábil e o ágio fiscal e as razões pelas quais, no ordenamento jurídico brasileiro, o ágio contábil era irrelevante para os efeitos fiscais do instituto em questão.

3.1.2. Ágio Contábil x Ágio Fiscal: Inaplicabilidade dos Institutos Contábeis

Até a edição da Lei nº 11.638/07, não havia, na legislação societária, previsão sobre os procedimentos a serem adotados para desdobramento do custo de aquisição por ocasião da aquisição de participações societárias.

Não obstante, a CVM publicou a Instrução Normativa nº 247/1996[61], que se inspirou nas regras fiscais previstas no artigo 20 do Decreto-Lei 1.598/77 para prever como os procedimentos contábeis deveriam ocorrer. Nas palavras de Luís Eduardo Schoueri,

> O legislador tributário acabou por regular detalhadamente procedimentos contábeis e, na falta de comando diverso imposto pela lei societária – até que viesse a ser editada a Lei nº 11.638/2007 –, presenciou-se verdadeira inversão no papel esperado: no lugar de a lei tributária partir de um resultado preexistente – contábil –, passou a intervir na formação daquele.[62]

Após a edição da Lei nº 11.638/07, o CPC editou o Pronunciamento nº 15[63], responsável por regular o tratamento contábil do ágio. Nesse sen-

---

de novas receitas, o resultado positivo da avaliação de investimentos pelo valor do patrimônio líquido e os lucros e dividendos derivados de participações societárias, que tenham sido computados como receita;"

[61] Posteriormente alterada pela Instrução Normativa CVM nº 285/96.

[62] SCHOUERI, Luís Eduardo. **Ágio em reorganizações societárias (aspectos tributários)**. São Paulo: Dialética, 2012, p. 15.

[63] No capítulo 4 do presente livro, será feita análise relacionada ao CPC 15 em virtude dos parâmetros contábeis terem sido utilizados pelo legislador tributário na modificação do ágio, promovida pela Lei 12.973/14.

FUSÕES E AQUISIÇÕES

tido, do ponto de vista contábil, o ágio por expectativa de rentabilidade futura, denominado *goodwill* (único ágio existente para fins contábeis), corresponde ao preço pago, em valor superior ao valor justo dos ativos da investida, pelas participações societárias adquiridas em uma combinação de negócios entre partes independentes, podendo o *goodwill* "ser considerado como resíduo existente entre a soma dos itens patrimoniais mensurados individualmente e o valor global da empresa".[64]

Assim é que, do ponto de vista eminentemente contábil, além da impossibilidade de sua amortização, o ágio só surge em uma transação entre partes independentes, que seja considerada uma combinação de negócios, após a avaliação a valor justo de todos os ativos identificáveis da entidade investida, atribuindo-se ao ágio contábil (*goodwill*) a natureza do mais intangível dos intangíveis, "resíduo da diferença entre o preço de aquisição e o valor justo da participação societária."[65]

Não obstante o tratamento contábil sobre o tema, e considerando todo o arcabouço posto no ordenamento jurídico-tributário brasileiro, que tem no princípio (regra) da legalidade[66] o norte para que se veicule normas tributárias, os efeitos fiscais do ágio decorrem da legislação tributária, sob pena de subversão de todo o sistema posto pelo legislador constitucional, uma vez que a lei optou por criar um instituto jurídico próprio

Neste ponto, destaque-se que "o sistema jurídico constrói a sua própria realidade através de normas jurídicas criadas de acordo com os paradigmas de validade do sistema", de modo que quando "um fato econômico, contábil, financeiro ou de qualquer outra ciência, ingressa no sistema jurí-

---

[64] Artigo apresentado no 9º Congresso USP de Controladoria e Contabilidade, São Paulo-SP, 2009. MARTINS, Eliseu; ALMEIDA, Diana Lúcia de; MARTINS, Erica Aversari; COSTA, Patrícia de Souza. *Goodwill*: uma análise dos conceitos utilizados em trabalhos científicos". **Revista Contabilidade e Finanças**, USP, São Paulo, v. 21, nº 52, jan./abr. 2010. Disponível em: http://www.scielo.br/pdf/rcf/v21n52/v21n52a05.pdf. Acesso em 01/08/2018.

[65] COÊLHO, Sacha Calmon Navarro. O Conceito Tributário de Ágio Previsto no Decreto-Lei nº 1.598/77 e os Requisitos para sua Amortização com base no art. 7º da Lei 9.532/97. *In*: MANEIRA, Eduardo; SANTIAGO, Igor Mauler (coords.). **O Ágio no Direito Tributário e Societário: Questões Atuais.** São Paulo: Quartier Latin, 2015, p.79.

[66] Nesse sentido, Renato Nunes, ao debruçar-se sobre o tema, deixa claro que, como a lei tributária entendeu por prever de forma específica o ágio em questão, "a repercussão da Contabilidade no Direito não é automática, devendo, pois, ser editada lei revogando o meio prescrito por este último ou conformando-o à concepção contábil." NUNES, Renato. **Tributação e Contabilidade.** São Paulo: Almedina, 2013, p. 212.

TRATAMENTO DO ÁGIO NA VIGÊNCIA DA LEI Nº 9.532/97

dico, ele passa a ter sentido próprio, que pode ser diferente daquele que ostentava na ciência de origem."[67]

Isto quer dizer que as diferentes ciências criam distintas realidades de acordo com a interpretação a ser dada a determinado fato, já que o processo de conhecimento específico de cada ciência é pautado por pressupostos diferentes. Valiosas as lições de Paulo de Barros Carvalho[68]:

> Existe interpretação econômica do fato? Sim, para os economistas. Existirá interpretação contábil do fato? Certamente, para o contabilista. No entanto, uma vez assumido o caráter jurídico, o fato será, única e exclusivamente, fato jurídico; e claro, fato de natureza jurídica, não econômica ou contábil, entre outras matérias. Como já anotado, o direito não pede emprestado conceitos de fatos para outras disciplinas. Ele mesmo constrói sua realidade, seu objeto, suas categorias e unidades de significação.

Não obstante, destaque-se que, apesar de os aspectos contábeis relacionados ao *goodwill* e veiculados pelo CPC 15 não produzirem efeitos fiscais para o ágio antigo, não se pode descartar potenciais efeitos da nova Contabilidade na apuração do ágio, no que se refere às alterações que afetem o valor do PL da investida.[69]

É que, por mais que o ágio contábil não interferisse, na regra antiga, no ágio a ser apurado para fins fiscais, fato é que, como a Contabilidade padrão IFRS trouxe diversas modificações no tocante à apuração do patrimônio das entidades, potenciais interferências no que se refere à mensuração do PL da investida podem representar modificações no ágio fiscal,

---

[67] FONSECA, Fernando Daniel de Moura. LIMA, Daniel Serra. A Relação entre os Conceitos Jurídico e Contábil de Ágio antes e depois da Reforma da Lei das S/A: O Problema da Interdisciplinariedade no Direito Tributário. *In*: MANEIRA, Eduardo; SANTIAGO, Igor Mauler (coords.). **O Ágio no Direito Tributário e Societário: Questões Atuais.** São Paulo: Quartier Latin, 2015, p. 51.

[68] CARVALHO, Paulo de Barros. **Curso de Direito Tributário**. 26 ed. São Paulo: Editora Saraiva, 2015, p. 251.

[69] Nesse sentido, Valter de Souza Lobato leciona: "Assim, as alterações contábeis que afetarem o valor de patrimônio líquido da investida geram reflexos fiscais na medida em que a lei tributária não define patrimônio líquido – definição essa a cargo do Direito Societário e das normas, inclusive contábeis, que o compõem. LOBATO, Valter de Souza. O Novo Regime Jurídico do Ágio na Lei 12.973/14. *In*: MANEIRA, Eduardo; SANTIAGO, Igor Mauler (coords.). **O Ágio no Direito Tributário e Societário: Questões Atuais.** São Paulo: Quartier Latin, 2015, p. 111.

tendo em vista que este representa a diferença entre o preço pago e o valor de PL da investida.

Considerando o que foi dito até aqui, temos as seguintes conclusões preliminares:

- a redação antiga do Decreto-Lei 1.598/77 prevê que o ágio corresponde ao sobrepreço em relação ao preço pago e o valor de PL de determinada entidade por ocasião da aquisição de participações societárias;
- entidades controladoras que, por ocasião da aquisição de participações societárias, forem obrigadas a avaliar tais investimentos pelo MEP deverão desdobrar o custo de aquisição entre (i) valor de PL e (ii) ágio ou deságio, correspondente à diferença entre o preço pago e o valor indicado em (i);
- por opção legislativa, o ágio contábil, inaugurado na contabilidade pelo CPC 15, não apresenta efeitos fiscais, tendo em vista que a lei tributária optou, no Decreto-Lei 1.598/77, por criar instituto jurídico específico, a ser utilizado na apuração e consequente amortização fiscal do ágio.

As considerações apresentadas até aqui foram importantes para delinear em que cenário deverá determinada entidade apurar, para fins fiscais, ágio por ocasião da aquisição de participações societárias. Não obstante, de acordo com a regra antiga, a completude da aludida apuração requer não só a aquisição e consequente desdobramento do custo de aquisição, mas também a indicação do fundamento econômico utilizado pela investidora para adquirir as participações na sociedade investida.

3.1.3. Fundamentos Econômicos do Ágio Previstos na Legislação Tributária

Como amplamente visto até aqui, sob a égide da legislação anterior à Lei 12.973/14, no momento da aquisição de participações societárias, o adquirente deveria desdobrar o custo de aquisição entre o valor pago pelo investimento (PL) e o ágio (sobrepreço).

Além disso, o adquirente, no momento do registro contábil, deve indicar o fundamento econômico correspondente ao pagamento do sobrepreço, que, nos termos do §2º do artigo 20 do Decreto-Lei 1.598/1977 (§2º do artigo 385 do RIR/99), poderia consistir em:[70]

i) valor de mercado de bens do ativo da coligada ou controlada superior ou inferior ao custo registrado na sua contabilidade (atual mais-valia de ativos);
ii) ágio por expectativa de rentabilidade futura (atual *goodwill*);
iii) fundo de comércio, intangíveis e outras razões econômicas.

Note que, apesar de a legislação tributária determinar a indicação do fundamento econômico no momento de registro do ágio, este não será determinante para a correspondente apuração do ágio, mas sim no momento em que o mesmo for amortizado para fins fiscais, reduzindo a base de cálculo do IRPJ e da CSLL.

Inclusive, como será visto, a ausência de um fundamento econômico para o ágio nem produzia efeitos até o advento da Lei nº 9.532/97 – a despeito de, para fins contábeis, dever ser reconhecido como perda caso não fosse justificado por um dos aludidos fundamentos econômicos, até a edição da Lei nº 11.638/07 –, uma vez que sua amortização fiscal não era permitida e, portanto, a mera indicação de um fundamento econômico não modificaria, na prática, os efeitos do ágio apurado.

A criação de tais fundamentos reforça a distinção entre o ágio contábil e o ágio fiscal, tendo em vista que "Enquanto, do ponto de vista tributário, três serão as espécies de ágio 'rentabilidade futura; mais-valia dos ativos; intangíveis e outras razões econômicas', contabilmente apenas a rentabilidade futura (genuíno *goodwill*) passou a ser reconhecida."[71]

---

[70] Art 20 – O contribuinte que avaliar investimento em sociedade coligada ou controlada pelo valor de patrimônio líquido deverá, por ocasião da aquisição da participação, desdobrar o custo de aquisição em:
(...)
§ 2º – O lançamento do ágio ou deságio deverá indicar, dentre os seguintes, seu fundamento econômico:
a) valor de mercado de bens do ativo da coligada ou controlada superior ou inferior ao custo registrado na sua contabilidade;
b) valor de rentabilidade da coligada ou controlada, com base em previsão dos resultados nos exercícios futuros;
c) fundo de comércio, intangíveis e outras razões econômicas.
[71] FONSECA, Fernando Daniel de Moura. LIMA, Daniel Serra. A Relação entre os Conceitos Jurídico e Contábil de Ágio antes e depois da Reforma da Lei das S/A: O Problema da

Nesse sentido, nota-se que o legislador tributário optou por criar fundamentos econômicos que se afastam dos critérios utilizados pela Contabilidade para o registro contábil do ágio, até porque, como bem ensinam Eliseu Martins e Sérgio de Iudícibus, na teoria contábil, "Ágio por expectativa de rentabilidade futura, ou *Goodwill*, sempre foi entendimento como a diferença entre o valor da entidade como um todo, funcionando em marcha, e a soma algébrica do valor de mercado de seus elementos patrimoniais".

Assim, concluem os aludidos autores que a legislação tributária brasileira se afastou da teoria contábil, tendo conceituado como "ágio" não só o *goodwill*, mas, a depender da fundamentação econômica indicada, Ágio seria (a) o valor de mercado dos bens da investida sem as alocações respectivas; (b) toda a diferença entre o custo de aquisição e o PL e (c) fundo de comércio.

Destaque-se, inclusive, como bem observado por Ricardo Mariz de Oliveira[72], que não há uma ordem de alocação a ser seguida em relação à escolha dos fundamentos econômicos, ou ainda uma ordem de preferência. Na verdade, dentre os fundamentos econômicos previstos pela legislação, fala-se em "múltiplas possibilidades, variáveis de caso concreto para caso concreto, sem precedência de qualquer das hipóteses."

Antes de avançarmos, um parênteses: não é unânime na doutrina o entendimento de que não há ordem de preferência na opção dos fundamentos econômicos. Com efeito, Marco Aurélio Greco[73] sustenta que não há opção ao contribuinte para fundamentação econômica do ágio, mas sim que há uma alocação determinada pela lei em cada um dos fundamentos econômicos, como se o instituto jurídico criado pela legislação tributária anterior fosse seguir as determinações contábeis do CPC 15.

Interdisciplinariedade no Direito Tributário. *In*: MANEIRA, Eduardo; SANTIAGO, Igor Mauler (coords.). **O Ágio no Direito Tributário e Societário: Questões Atuais.** São Paulo: Quartier Latin, 2015, p. 61.

[72] OLIVEIRA, Ricardo Mariz de. Questões Atuais sobre o Ágio – Ágio Interno – Rentabilidade Futura e Intangível – Dedutibilidade das Amortizações – As Inter-relações entre a Contabilidade e o Direito. *In*: **Controvérsias jurídico-contábeis (aproximações e distanciamentos), 2º volume.** Coord. Roberto Quiroga Mosquera, Alexsandro Broedel Lopes. São Paulo: Dialética, 2011, pág. 219.

[73] GRECO, Marco Aurélio. **Ágio por expectativa de rentabilidade futura: algumas observações.** Acesso em: <https://edisciplinas.usp.br/pluginfile.php/4066358/mod_resource/content/0/GRECO%20-%20%C3%81gio%20por%20expectativa.pdf>, em 14/08/2018, às 18:00.

Porém, não concordamos com a linha seguida por Greco, por um simples fundamento: a previsão legal. Nesse sentido, a partir do momento em que o §2º do artigo 20 do Decreto-Lei 1.598/77 determina que o "lançamento do ágio ou deságio deverá indicar, **dentre os seguintes**, seu fundamento econômico", cristalino que a legislação exige a escolha de UM fundamento, dentre os três possíveis, sem critério de alocação.

Nesse sentido, considerando a formatação do sistema jurídico-tributário posto pela Constituição, e tendo em vista que o legislador optou, como visto, por criar um instituto jurídico independente, ao aplicador da lei cabe observá-la, "sendo matéria de prova a confirmação de qual a fundamentação do caso concreto"[74]:

> Em síntese: por mais que se pudesse, utilizando-se lições da Contabilidade, demonstrar que um dos três fundamentos previstos na legislação é preferível, ou que outro é indesejável, nada disso importa diante da decisão do legislador. Cabe ao intérprete/aplicador munir-se de instrumento adequado para subsumir o valor pago no investimento, superior ao seu valor patrimonial, a uma dessas categorias previstas em lei.[75]

Da mesma forma entendem Fernando Tonanni e Raquel Novais:

> Como visto, o art. 20 do Decreto-Lei nº 1.598/1977 privilegiou a motivação do contribuinte ao adquirir investimento na sociedade controlada ou coligada, determinando-se o desdobramento do custo de aquisição do investimento em valor patrimonial e ágio. A relação do referido dispositivo legal estabelece que o lançamento do ágio deve indicar, dentre os seguintes, o seu respectivo fundamento econômico (...)[76]

Observa-se, ainda, que a existência de três fundamentos distintos para o ágio traduz a necessidade de, observando-se os casos específicos envolvidos nas transações societárias, individualizar o fundamento econômico, tendo

---

[74] SCHOUERI, Luís Eduardo. **Ágio em reorganizações societárias (aspectos tributários)**. São Paulo: Dialética, 2012, pág. 19.

[75] SCHOUERI, Luís Eduardo. **Ágio em reorganizações societárias (aspectos tributários)**. São Paulo: Dialética, 2012, pág. 21.

[76] NOVAIS, Raquel. TONNANI, Fernando. Ágio – Novo Regime Jurídico e Questões Atuais. *In*: **Controvérsias jurídico-contábeis (aproximações e distanciamentos), 5º volume**. Coord. Roberto Quiroga Mosquera, Alexsandro Broedel Lopes. São Paulo: Dialética, 2014, p. 334.

FUSÕES E AQUISIÇÕES

em vista que cada qual produz efeitos distintos na seara fiscal. Por isso é que não se podia, nos comandos da legislação antiga, criar uma ordem de alocação do preço pago sem critérios de comprovação que demonstrassem tais razões, tendo em vista que a própria Lei (diferente dos comandos atuais) não exigia tal ordem.

Anote-se, inclusive, que o preço pago pela aquisição das participações societárias, quando o negócio tiver sido pactuado entre partes independentes, corresponde, sempre, ao preço de mercado, já que decorre de uma transação realizada com vistas a adquirir as aludidas participações societárias.

Nesse sentido, sempre o valor pago – em qualquer dos três fundamentos – será o valor de mercado que o **comprador** se dispôs a pagar[77], e o **vendedor** concordou em vender, pelas participações societárias, sendo o fundamento do ágio a razão[78] pela qual houve o pagamento de sobrepreço em relação ao PL, responsável por gerar o ágio amortizável. Conforme ensinam Raquel Novais e Fernando Tonnani[79]:

> O fundamento do ágio nos termos do art. 20 do Decreto-lei nº 1.598/1977 baseia-se em fatores de ordem subjetiva do contribuinte, isto é, na sua motivação ao adquirir a participação societária e o respectivo fundamento econômico do ágio ou deságio existentes, o qual repercute diretamente no posterior tratamento fiscal desta parcela.

De fato, os processos de negociação em operações de fusões e aquisições são específicos o valor envolvido é aquele que o comprador está dis-

---

[77] Nas palavras de Ricardo Mariz de Oliveira: "Portanto, em todos os casos o valor do preço e o fundamento de algum ágio ou deságio coincidem com a motivação do próprio adquirente (ou é somente dele ou está nos documentos, mas ele o aceita), que pode ter inúmeras razões para comprar o investimento e pagar o respectivo preço." OLIVEIRA, Ricardo Mariz de. Os motivos e os fundamentos econômicos dos ágios e deságios na aquisição de investimentos, na perspectiva da legislação tributária. **Direito Tributário Atual, nº 23**. São Paulo: Dialética/ IBDT, 2009, p. 468.

[78] Nesse sentido também entende Ramon Tomazela Santos, para quem "(...) cabe anotar que, no regime anterior, a alocação do ágio dependia do motivo determinante do agente no momento da aquisição do investimento." SANTOS, Ramon Tomazela. **O regime jurídico do ágio de rentabilidade futura na lei n. 12.973/2014**, acesso em: https://www.marizadvogados. com.br/wp-content/uploads/2018/10/NArt.17-2018.pdf, 10/01/2019, às 10:00.

[79] NOVAIS, Raquela. TONNANI, Fernando. Ágio – Novo Regime Jurídico e Questões Atuais. *In*: **Controvérsias jurídico-contábeis (aproximações e distanciamentos)**. 5º volume. Coord. Roberto Quiroga Mosquera, Alexsandro Broedel Lopes. São Paulo: Dialética, 2014, p. 332.

posto a pagar na aquisição de um dado investimento, sendo que as partes podem "conduzir as negociações do modo que melhor lhes aprouver."[80]

Abaixo, serão analisados os aludidos fundamentos econômicos previstos pela legislação tributária anterior à Lei nº 12.973/14 – como será visto, é a escolha dos fundamentos que determinará o efeito fiscal correspondente.

- **Alínea "a" (artigo 385, §2º, I, RIR/99): valor de mercado de bens do ativo da investida**

O primeiro fundamento econômico previsto pela legislação[81], seguindo a linha demonstrada linhas atrás, deve demonstrar as razões pelas quais o comprador se dispôs a pagar o sobrepreço foi o fato de os bens tangíveis da investida possuírem, na visão do comprador, um valor superior ao contábil. Afirma-se, nesse caso, que "Há um vínculo entre o ágio e o valor de mercado de cada bem da controlada e coligada."[82]

Assim, o ágio apurado será aquele correspondente à diferença entre o valor contábil e o preço pago por ocasião da aquisição das participações societárias da investida, de modo que o aludido ágio será incorporado ao bem a que se refere, com os correspondentes efeitos fiscais na medida em que o respectivo ativo for realizado, conforme será visto com mais detalhes.

Na teoria contábil, tal fundamento econômico representa a mais-valia dos ativos, isto é, os ativos identificáveis avaliados a valor justo, representando o valor de mercado de tais bens.

- **Alínea "b" (artigo 385, §2º, II, RIR/99): Rentabilidade futura**

O fundamento econômico previsto no inciso II relaciona-se com a rentabilidade futura da entidade investida, o "verdadeiro" ágio da contabilidade (atualmente denominado *goodwill*), conforme as lições de Elieu Martins e Alexsandro Broedel :

> O ágio por expectativa de rentabilidade futura (ou goodwill nas normas internacionais), conforme já afirmado, refere-se ao valor de aquisição da entidade que não pode ser atribuído aos seus ativos e passivo individualmente considerados. Uma entidade pode valer mais do que a soma dos seus ativos

---

[80] BOTREL, Sérgio. **Fusões e Aquisições.** 5ª Ed. São Paulo: Saraiva, 2017, p. 243.

[81] Atualmente denominado "mais-valia de ativos".

[82] SCHOUERI, Luís Eduardo. Ágio em reorganizações societárias (aspectos tributários). São Paulo: Dialética, 2012, pág. 22.

por todas as razões já comentadas – sinergias, imagem, reputação, nome, vantagens competitivas – e muitas outras; tal montante só é na Contabilidade denominado de ágio por expectativa de rentabilidade futura se não puder ser atribuído a nenhum dos ativos individuais da companhia. Em conclusão, contabilmente, ágio em sentido estrito é apenas aquele que tem como fundamento expectativa de rentabilidade futura em razão de ativos não identificáveis ou intangíveis (goodwill).[83]

Note, então, que as razões pelas quais o comprador decidiu pagar o sobrepreço em relação ao valor contábil da entidade foram determinadas na expectativa de lucros futuros da entidade, tendo em vista que a investidora pretende ter um retorno sobre o investimento realizado.

Destaque-se que, em caso de fundamentação econômica com base na expectativa de rentabilidade futura, os bens da investida não são considerados para o cálculo do ágio, tendo em vista que o comprador espera que o empreendimento adquirido gere lucros. Neste caso, tal fundamentação encontra-se quando se fazem projeções "de receitas e despesas".

É importante destacar que não há na legislação qualquer obrigação veiculada no sentido de que a entidade investida gere lucros para que o ágio seja amortizado. Em verdade, o ágio foi pago pela **expectativa** de rentabilidade futura, que será apurada "com base em previsão dos resultados nos exercícios futuros", como deixa clara a redação da lei.

Deixa-se claro, então, que a prova a ser feita pelo contribuinte é que houve efetiva projeção de lucros futuros, bastando "que o adquirente acredite que aquele investimento gerará lucros nos exercícios futuros, ou seja, que o sobrepreço pago por ele se justifique na sua legítima expectativa de rentabilidade. Foi isso que o legislador exigiu para a validade da fundamentação do ágio."[84]

---

[83] LOPES, Alexsandro Broedel. MARTINS, Eliseu. Do ágio baseado em expectativa de rentabilidade futura – algumas considerações contábeis. *In:* **Controvérsias Jurídico-Contábeis (aproximações e distanciamentos).** Coord. LOPES, Alexsandro Broedel; MOSQUERA, Roberto Quiroga. São Paulo: Dialética, 2013, v. 3, p. 50-51.

[84] ALVES, Raquel de Andrade Vieira. FRANCO, Fernando Raposo. O Ágio Fundado em Expectativa de Rentabilidade Futura e a Efetvia Geração de Lucros: "Caso DASA". In: MANEIRA, Eduardo; SANTIAGO, Igor Mauler (coords.). **O Ágio no Direito Tributário e Societário: Questões Atuais.** São Paulo: Quartier Latin, 2015, p. 210-211.

Nesse sentido também já entendeu o CARF:

Em relação à acusação fiscal de que os lucros não foram confirmado, entendo que a legislação fiscal não condicionou a dedutibilidade da amortização do ágio à efetiva apuração de lucros, e nem estabelece prazo para a geração de lucros.[85]

E nem poderia ser diferente: na medida em que o preço pago corresponde ao valor de mercado por ocasião da aquisição de participações societárias, isso significa que o legislador vinculou o pagamento do aludido preço ao aspecto subjetivo, qual seja, à decisão do comprador em *apostar* que a entidade adquirida apurará lucros no futuro, e não na *efetiva apuração* de tais resultados.

Ora, como deixa claro Luís Eduardo Schoueri, não há espaço para adivinhação, até porque "O mercado, via de regra, não é controlado ou controlável. Empresas lucrativas podem sofrer reveses. Esta é a essência do sistema capitalista, que não quis (nem poderia) o legislador tributária desconhecer."[86]

Portanto, a rentabilidade futura, assim como o valor de mercado dos bens do ativo, são fundamentos para a constituição do ágio, cada um com o seu efeito fiscal correspondente, conforme será visto.

O fundamento econômico em questão é, como será visto, o genuíno ágio que permite a amortização fiscal de acordo com as regras previstas na legislação.

- **Alínea "c" (artigo 385, §2º, III, RIR/99): Fundo de comércio, intangíveis e outras razões econômicas**

Por fim, o último fundamento econômico é aquele relacionado a situações não refletidas na contabilidade da entidade investida, como fundo de comércio, marcas, *know-how*, clientes, nome comercial, dentre outros.

Aqui, então, a justificativa pelo pagamento do ágio está nos intangíveis detidos pela entidade investida – enquanto o inciso I se refere aos bens tangíveis, aqui, o fundamento para o pagamento do sobrepreço estava justamente naqueles bens que, a despeito de sua não contabilização (regra geral), tem relevância econômica.

---

[85] CARF: Acórdão 1402-000.342.
[86] SCHOUERI, Luís Eduardo. **Ágio em reorganizações societárias (aspectos tributários)**. São Paulo: Dialética, 2012, p. 39.

FUSÕES E AQUISIÇÕES

Conforme será visto a seguir, a opção do comprador pelo pagamento do preço em valor superior ao PL deverá estar baseada em critérios que, apesar de não especificados na lei, reflitam os fundamentos econômicos correspondentes, que deem substância ao fundamento econômico escolhido.

Dessa forma, a distinção entre um ou outro fundamento econômico, no caso concreto, será evidenciada de acordo com os demonstrativos do laudo de avaliação e que dependem, então, da demonstração das razões pelas quais o comprador optou por pagar aquele sobrepreço: resultados futuros, ativos tangíveis ou intangíveis. Importante a evidenciação do aludido fundamento econômico e a sua comprovação, uma vez que os efeitos fiscais, conforme será visto, correspondem diretamente ao fundamento econômico da aquisição das participações societárias a valor superior ao PL.

3.1.4. Laudo de Avaliação (Demonstrativo)

Conforme §2º do artigo 20 do Decreto-lei 1.598/77, a indicação do fundamento econômico do ágio deve ocorrer por ocasião do lançamento contábil correspondente, o que, conforme §3º do mesmo artigo 20, deverá ser baseado em "demonstração" que o contribuinte deverá arquivar como comprovante da respectiva escrituração, isto é, como ônus para a comprovação do aludido fundamento. Vejamos:

> §3º O lançamento com os fundamentos de que tratam as letras a e b do §2º deverá ser baseado em demonstração que o contribuinte arquivará como comprovante da escrituração.

A despeito do comando legal ser bastante amplo – sem demonstrar, por exemplo, técnicas relacionadas à elaboração da aludida "demonstração"[87] –, fato é que a exigência legal de um fundamento econômico demanda a identificação de um instrumento necessário para que se comprove a motivação do pagamento do sobrepreço (critério subjetivo do comprador)[88]. Valiosas são as lições de Ricardo Mariz de Oliveira[89]:

---

[87] Como ensina Ricardo Mariz de Oliveira, "não há requisitos formais expressos, diferentemente do que ocorre com os laudos de avaliação de bens conferidos para integralização de aumento de capital das sociedades anônimas, os quais devem obedecer o disposto no art. 8º da Lei n. 6.404." OLIVEIRA, Ricardo Mariz de. **Fundamentos do Imposto de Renda.** São Paulo: Quartier Latin, 2008, p. 764-765.

[88] Nesse sentido, bem avalia Ricardo Mariz de Oliveira, que ensina: "Todo ato ou negócio jurídico é um ato de vontade da pessoa que o pratica, assim como de todas as pessoas que o

60

Mas a liberdade formal não exclui a necessidade substancial de demonstração do valor do ágio e do respectivo fundamento, com lastro em elementos que possam suportar uma contestação fiscal, a partir da qual, quando ocorrer, deve ser instituída uma avaliação contraditória nos termos do art. 148 do CTN, seja quanto aos dados de valoração do ágio, seja quanto aos seus fundamentos, como a rentabilidade esperada e o respectivo tempo, quando for o caso.

Nesse sentido, o aludido demonstrativo exigido pela lei é um "retrato" do ágio pago na aquisição de participações societárias, que, por óbvio, existe com a finalidade de fundamentar o aspecto subjetivo do comprador, isto é, o porquê do preço pago ser superior ao valor de PL da entidade investida:

> Estamos convencidos de que a fundamentação buscada pelo legislador possui um caráter subjetivo. Afinal, se o ágio é definido como (a totalidade da) diferença entre o preço pago e o valor patrimonial do investimento e se esta última parcela é objetiva, tem-se que o ágio necessariamente demonstrará um aspecto subjetivo. O raciocínio é simples: se o ágio fosse objetivamente determinável, assim como o valor patrimonial do investimento, então também o preço pago seria, sempre, objetivamente determinável. Ora, como o preço nada mais é do que o valor pago, e evidente que este possui um componente subjetivo: cada comprador pagará um preço diferente, conforme sua conveniência.[90]

Destaque-se que, quando o legislador quis exigir laudos formais, o fez de modo expresso: são os casos do laudo de incorporação, fusão e cisão, bem

---

praticam quando se trate de atoo ou negócio bilateral ou multilateral." OLIVEIRA, Ricardo Mariz de. Os motivos e os fundamentos econômicos dos ágios e deságios na aquisição de investimentos, na perspectiva da legislação tributária. **Direito Tributário Atual, nº 23**. São Paulo: Dialética/IBDT, 2009, p. 449.

[89] OLIVEIRA, Ricardo Mariz de. **Fundamentos do Imposto de Renda.** São Paulo: Quartier Latin, 2008, p. 765.

[90] SCHOUERI, Luís Eduardo. PEREIRA, Roberto Codorniz Leite. A Figura do "Laudo" nas Operações Societárias com Ágio: do Retrato da Expectativa de Rentabilidade Futura para o Retrato do Valor Justo. In: MANEIRA, Eduardo; SANTIAGO, Igor Mauler (coords.). **O Ágio no Direito Tributário e Societário: Questões Atuais.** São Paulo: Quartier Latin, 2015, p. 173-174.

como os de incorporação de ações e de aquisição de controle.[91] Da mesma forma, o legislador tributário exigia laudo nas hipóteses de reserva de reavaliação[92] e distribuição disfarçada de lucros[93], não o exigindo, porém, para a fundamentação econômica do ágio – por isso, basta uma "demonstração", arquivada por ocasião do lançamento do ágio e arquivada junto com os demais documentos contábeis.

Assim é que, diferentemente da legislação atual, não havia, sob o comando da Lei anterior à 12.973/14, exigência de elaboração de laudo por perito independente para fundamentar o ágio: neste caso, diante da ausência de requisito quanto à forma do "demonstrativo", haveria liberdade ao contribuinte na sua elaboração, que, a nosso ver, deve, no mínimo, justificar o fundamento eleito e o preço pago pela aquisição do investimento. No mesmo sentido se posiciona Ricardo Mariz de Oliveira, para quem "a 'demonstração' requerida pelo parágrafo 3º do art. 20 do Decreto-lei n. 1.598, cuja forma e conteúdo não têm regulamentação legal, sendo, pois, livre, é o meio legal de prova e, portanto, válido e necessário.

Dessa forma, concordamos com Schoueri[94], que sustenta ser a forma do demonstrativo indiferente para a comprovação exigida: "A documentação assim apresentada não precisa, portanto, ter necessariamente a forma de um laudo." E continua:

> Muitas vezes, a decisão se faz a partir de uma apresentação de slides, quando muito corporificados em um Relatório Executivo (*Executive Summary*), onde os principais elementos para a tomada da decisão surgem como meros tópicos (*bullet points*).

Se essa é a prática empresarial, a exigência de um laduo de avaliação releva-se formalidade descabida. A "demonstração" se faz com os documentos que de fato serviram para a tomada da decisão.

E concordamos pelo fato de que, reitere-se, qualquer meio de prova deve ser suficiente para evidenciar o critério subjetivo, ou seja, a intenção do comprador em adquirir as participações societárias objeto da negociação.

---

[91] Respectivamente, artigo 227, §3º; Artigo 228, §2º; Artigo 251, §1º; Artigo 252, §3º e artigo 256, §1º, todos da Lei das S/A.

[92] Artigo 434, §1º, RIR.

[93] Atigo 465, §4º, RIR.

[94] SCHOUERI, Luís Eduardo. **Ágio em reorganizações societárias (aspectos tributários)**. São Paulo: Dialética, 2012, p. 35.

Inclusive, é importante que se destaque, como as regras contábeis previstas pelo CPC 15 exigem, para a apuração contábil da mais-valia dos ativos e do *goodwill*, laudo de avaliação, muitas vezes o aplicador da lei tributária se deparava com situações em que o teor do laudo contábil era irrelevante para fins da demonstração da fundamentação econômica.

Não obstante, tendo o legislador criado um instituto jurídico distinto e específico, seria necessário que a correspondente fundamentação do ágio estivesse evidenciada pelo "demonstrativo" exigido pela legislação, que, conforme vimos, deveria demonstrar o fundamento econômica e as razões pela escolha do aludido fundamento. Assim, a depender do fundamento econômico, diferentes aspectos devem ser apresentados no mencionado demonstrativo:

- **Valor de mercado dos ativos da investida:** o demonstrativo deve revelar que o ágio, correspondente ao preço pago superior ao valor contábil desses ativos, era efetivamente conhecido pelo comprador e que, dessa forma, o comprador estaria se dispondo a adquirir tais bens pelo valor superior ao de PL por entender que os ativos em questão estariam subavaliados; ou
- **Expectativa de rentabilidade futura**: o estudo a ser demonstrado deve destacar que a entidade investida apresenta expectativa de resultados futuros, estudo este que, para robustecer a prova apresentada, deverá ser realizado por um financista que possa projetar a rentabilidade esperada para os anos seguintes, com base em diferentes técnicas, que vão desde o fluxo de caixa descontado, apresentando o EBITDA[95] da entidade, ou ainda outras técnicas que permitam a comprovação de que, de fato, o comprador aplicou os recursos na entidade investida com a expectativa de que esta fosse gerar lucros futuros.

Por óbvio, o fundamento econômico que fundamente o registro de ágio deve ser consistente com o motivo determinante, conforme bem avalia Ramon Tomazela.[96]

---

[95] Sigla correspondente em inglês ao "Earns before interests, depreciation and amortization".
[96] SANTOS, Ramon Tomazela. **O regime jurídico do ágio de rentabilidade futura na lei n. 12.973/2014**, acesso em: https://www.marizadvogados.com.br/wp-content/uploads/2018/10/NArt.17-2018.pdf, 10/01/2019, às 10:00, p. 8.

FUSÕES E AQUISIÇÕES

Ainda em relação ao demonstrativo relacionado à expectativa de rentabilidade futura, a nosso ver, o método utilizado pelo avaliador da entidade investida não interessa para a apuração do ágio. É que, a partir do momento em que o demonstrativo permite chegar à conclusão de que o comprador estava disposto a pagar um preço, pela investida, em valor superior ao seu PL, tal demonstrativo é válido. É que, como vimos, tendo em vista que o pagamento do preço envolve aspectos subjetivos, o relevante é que o comprador tenha a ciência de que está pagando o preço por uma entidade que acredita que gerará resultados positivos no futuro. Conforme ensina Schoueri[97]:

> Ora, não há que se falar em aptidão do laudo em comprovar a expectativa de rentabilidade futura em razão da metodologia adotada. Para a lei, suficiente demonstrar-se ter o comprador, quando do pagamento do ágio, se baseado no documento, quer este adote o método tido por "mais adequado" pela fiscalização ou não.

Em relação ao fundamento econômico relacionado ao "fundo de comércio, intangíveis e outras razões econômicas", como não há exigência de elaboração de demonstrativo para justificar tal indicação, não trataremos desta hipótese.

Por fim, em que pese existirem diversas controvérsias no CARF (com decisões da CSRF) a respeito do laudo de avaliação e dos correspondentes fundamentos econômicos, tendo em vista que tais temas serão tratados mais à frente, optamos por não englobá-los no presente tópico.

3.2. Dos Efeitos do Ágio Apurado

Os tópicos anteriores trataram sobre a apuração do ágio ou deságio de acordo com a regra antiga, sendo que, uma vez apurado, tais parcelas deveriam ser (i) amortizadas, para fins contábeis, até a vigência do CPC 15 e, (ii) sob a perspectiva tributária, após a ocorrência dos eventos societários de incorporação, fusão ou cisão, tais amortizações seriam dedutíveis, reduzindo a base de cálculo do IRPJ e da CSLL. É o que se passa a demonstrar.

---

[97] SCHOUERI, Luís Eduardo. **Ágio em reorganizações societárias (aspectos tributários).** São Paulo: Dialética, 2012, p. 38.

3.2.1. Efeitos Contábeis do Ágio

Como visto, a contabilidade, até a edição da Lei nº 11.638/07, que inaugurou o IFRS no Brasil, seguia as regras da legislação tributária para apuração do ágio, uma vez que não havia critérios definidos para tanto. Dessa forma, a Instrução Normativa nº 247/1996[98], publicada pela Comissão de Valores Mobiliários, previa como tal apuração deveria ser feita, inclusive no que se refere às correspondentes amortizações – nesse sentido, o ágio que não fosse fundamentado de acordo com um dos fundamentos econômicos previsto pela legislação tributária deveria ser imediatamente reconhecido como perda no âmbito da investidora, conforme parágrafo 5º do artigo 14 da aludida Instrução Normativa da CVM.

Não obstante, tal cenário foi totalmente modificado após a independência da Contabilidade, promovida pela Lei nº 11.638/07, já que, mesmo antes da edição do CPC 15, o §3º do artigo 226 da Lei nº 6.404/76 já previa que "nas operações de incorporação, fusão e cisão, realizadas entre partes

---

[98] Art. 14. O ágio ou deságio computado na ocasião da aquisição ou subscrição do investimento deverá ser contabilizado com indicação do fundamento econômico que o determinou. Parágrafo 1º O ágio ou deságio decorrente da diferença entre o valor de mercado de parte ou de todos os bens do ativo da coligada e controlada e o respectivo valor contábil, deverá ser amortizado na proporção em que o ativo for sendo realizado na coligada e controlada, por depreciação, amortização, exaustão ou baixa em decorrência de alienação ou perecimento desses bens ou do investimento.
§ 2º O ágio ou o deságio decorrente da diferença entre o valor pago na aquisição do investimento e o valor de mercado dos ativos e passivos da coligada ou controlada, referido no parágrafo anterior, deverá ser amortizado da seguinte forma: a) o ágio ou o deságio decorrente de expectativa de resultado futuro – no prazo, extensão e proporção dos resultados projetados, ou pela baixa por alienação ou perecimento do investimento, devendo os resultados projetados serem objeto de verificação anual, a fim de que sejam revisados os critérios utilizados para amortização ou registrada a baixa integral do ágio; e b) o ágio decorrente da aquisição do direito de exploração, concessão ou permissão delegadas pelo Poder Público – no prazo estimado ou contratado de utilização, de vigência ou de perda de substância econômica, ou pela baixa por alienação ou perecimento do investimento.
§ 3º O prazo máximo para amortização do ágio previsto na letra "a" do parágrafo anterior não poderá exceder a dez anos.
Parágrafo 4º Quando houver deságio não justificado pelos fundamentos econômicos previstos nos parágrafos 1º e 2º, a sua amortização somente poderá ser contabilizada em caso de baixa por alienação ou perecimento do investimento.
Parágrafo 5º O ágio não justificado pelos fundamentos econômicos, previstos nos parágrafos 1º e 2º, deve ser reconhecido imediatamente como perda, no resultado do exercício, esclarecendo-se em nota explicativa as razões da sua existência.

independentes e vinculadas à efetiva transferência de controle, os ativos e passivos da sociedade a ser incorporada ou decorrente de fusão ou cisão serão contabilizados pelo seu valor de mercado."

Em que pese tal dispositivo tenha sido modificado duas vezes após a sua inclusão, fato é que a nova regra estava alinhada com a nova "cara" dada à contabilidade no Brasil, buscando capturar, sempre que possível, o valor justo dos bens avaliados.

Nesse sentido, foi editado o CPC 15, que, com base no IFRS 3, rompeu em definitivo com a dependência da Contabilidade às regras fiscais no tocante à apuração do ágio. Dessa forma, nos termos do aludido pronunciamento contábil, o ágio passou a ser denominado *goodwill* e só deveria ser apurado após a visualização de determinadas etapas:

1) configuração de uma combinação de negócios: nos termos do CPC 15, combinação de negócios é uma "operação por meio da qual um adquirente obtém o controle de um ou mais negócios, independentemente da forma jurídica da operação, abrangendo também as fusões que se dão entre partes independentes;

2) a identificação do adquirente e a determinação da data de aquisição;

3) o reconhecimento e mensuração, a valor justo, dos ativos identificáveis adquiridos, dos passivos assumidos e das participações societárias de não controladoras na adquirida; e

4) o reconhecimento e mensuração do ágio por expectativa de rentabilidade futura (*goodwill*) ou do ganho proveniente de compra vantajosa.

No capítulo seguinte será demonstrado, com mais profundidade, o tratamento contábil conferido ao ágio (*goodwill*) ou deságio (ganho por compra vantajosa), tendo em vista que o novo regime jurídico do instituto deve seguir as determinações do CPC 15.

3.2.2. Efeitos Fiscais do Ágio Apurado de Acordo com a Lei nº 9.532/97
A análise sobre o tratamento fiscal do ágio demanda o entendimento do próprio instituto perante o MEP, tendo em vista que a dedutibilidade da amortização do aludido instituto só é permitida mediante a autorização expressa em Lei. Nesse sentido, o Decreto-Lei nº 1.598/77, mediante o artigo 33 (regulamentado pelo artigo 426 do RIR/99), inaugurou a pos-

sibilidade de que o ágio compusesse o cálculo de eventual ganho ou perda de capital apurado, sendo que tais perdas seriam dedutíveis na apuração do IRPJ e da CSLL.

Ainda, a partir da Lei nº 9.532/97, a dedutibilidade das referidas amortizações foi autorizada no ordenamento jurídico brasileiro após cumpridas determinadas exigências legais. Destaque-se, ainda, que o ágio ou deságio não influencia ou sofre influências relacionadas ao valor do investimento avaliado, pela entidade adquirente, via MEP.

Adicionalmente, potenciais amortizações contábeis do instituto em questão devem ser excluídas (no caso do ágio) ou adicionadas (no caso do deságio) do lucro líquido para fins de apuração do lucro real.[99] Nas palavras de Ricardo Mariz de Oliveira:

> Assim, as contas de ágio e deságio somente são movimentadas, durante a existência do investimento, pelas respectivas amortizações, cujas contrapartidas são lançamentos a conas de resultado, a débito quando se tratar de ágio e a crédito quando se tratar de deságio. Todavia, tais registros contábeis, que afetam o lucro líquido, não produzem efeito fiscal nesse momento e também não devem produzir efeitos fiscais futuros.[100]

Nesse contexto, o ágio ou deságio potencialmente amortizado pela contabilidade deve ser controlado na parte "B" do LALUR até a realização do correspondente investimento, para, conforme o comando disposto no artigo 426 do RIR/99, produzir os respectivos efeitos na apuração do ganho ou perda de capital relacionada a tal alienação.

É que, seguindo os ensinamentos de Luís Eduardo Schoueri, "se ganho de capital é a diferença entre o custo de aquisição e o valor da alienação, o ágio compõe o custo"[101], impactando, então, o cálculo de potencial ganho ou perda apurado.

---

[99] Nesses termos, a antiga redação do artigo 25 do Decreto-Lei nº 1.598/1977 (regulamentada pelo arigo 391 do RIR) expressamente dispõe que "As contrapartidas da amortização do ágio ou deságio (...) não serão computadas na determinação do lucro real, ressalvado o disposto no art. 426.

[100] OLIVEIRA, Ricardo Mariz de. Fundamentos do Imposto de Renda. São Paulo: Quartier Latin, 2008, p. 735.

[101] SCHOUERI, Luís Eduardo. **Ágio em reorganizações societárias (aspectos tributários)**. São Paulo: Dialética, 2012, p. 47.

FUSÕES E AQUISIÇÕES

Visto isso, abaixo será demonstrado (i) as razões pelas quais o ágio não é dedutível de acordo com as regras gerais de dedutibilidade e (ii) qual o impacto fiscal deste instituto após cumpridas as exigências previstas na aludida Lei nº 9.532/97.

3.2.2.1. Indedutibilidade do Ágio – Tratamento Fiscal Anterior a Eventos Societários de Incorporação, Fusão ou Cisão

Conforme pontuado linhas acima, é necessário que determinado evento societário ocorra para que a dedutibilidade das amortizações do ágio sejam fiscalmente permitidas – é que, tendo em vista determinadas particularidades relacionadas ao MEP, a amortização fiscal do instituto em questão anteriormente aos aludidos eventos societários causaria distorções na apuração do lucro tributável.

Nesse contexto, os ensinamentos de Luís Eduardo Schoueri[102] tornam cristalino este ponto. Segundo o autor, a não tributação dos resultados positivos de MEP impedem a dedutibilidade da amortização do ágio em vista do princípio do confronto de receitas com despesas (*matching principle*) para a determinação do lucro.

De fato, "A lei societária prescreve que os registros contábeis de cifras qualificadas como custos, despesas, encargos e perdas, devem ocorrer em função ou em conexão com as receitas e rendimentos"[103], sendo "necessária a confrontação entre as despesas e perdas ocorridas em determinado período e as receitas reconhecidas nesse mesmo período", de modo que, do confronto de tais rubricas, será obtido o resultado do exercício.

Assim, na hipótese em que determinadas despesas tenham sido incorridas (registradas como custo) por dada entidade para permitir o auferimento de receitas futuras, tais despesas só poderão ser contabilizadas no momento em que tal entidade, efetivamente, gere as receitas correspondentes aos aludidos gastos – como no caso de despesas pré-operacionais, que, a princípio, só serão registradas contabilmente por ocasião da geração de receitas em atividade operacional.

Dessa forma é que, enquanto o investimento adquiridos com ágio não for (i) realizado ou (ii) incorporado, o único registro contábil realizado

---

[102] SCHOUERI, Luís Eduardo. **Ágio em reorganizações societárias (aspectos tributários).** São Paulo: Dialética, 2012.
[103] ANDRADE FILHO, Edmar Oliveira. **Imposto de renda das empresas.** 12ª Edição. São Paulo: Atlas, 2016, p. 129.

pela adquirente se dará nas contas de MEP relacionadas ao investimento em questão, o que, conforme vimos, não impacta a apuração do lucro real, não apresentando, portanto, efeitos fiscais correspondentes.

Com efeito, tendo em vista que o ágio correspondente à despesa, registrada contabilmente, incorrida para adquirir o investimento que gerou os resultados positivos de MEP, e considerando que estes resultados não são tributados no âmbito da investidora, a dedutibilidade das amortizações do ágio antes dos eventos societários mencionados causaria distorções na apuração do lucro líquido justamente pelo fato de tais resultados não serem tributados sob a perspectiva da investidora.

Por isso, só faria sentido falar em dedutibilidade da amortização do ágio se o resultado de MEP fosse tributado[104], o que, porém, não ocorre no ordenamento fiscal brasileiro.

No tópico seguinte, será demonstrado qual deve ser o tratamento aplicável ao ágio após ocorridos determinados eventos societários previstos na Lei nº 9.532/97.

3.2.2.2. Aspectos Gerais da Dedutibilidade das Amortizações do Ágio na Lei nº 9.532/97

Como já demonstrado, a Lei nº 9.532/97 foi responsável por incluir no ordenamento jurídico brasileiro a possibilidade de dedutibilidade das amortizações do ágio, o que foi feito no contexto das privatizações autorizadas pelo Governo Federal.[105]

A aludida lei permitiu que fosse o ágio apurado por ocasião da aquisição de participações societárias fosse dedutível para fins fiscais, reduzindo a base de cálculo do IRPJ e da CSLL – ou que, no caso do deságio, tal parcela fosse tributada.

Para tanto, a legislação previu determinadas regras que deveriam ser cumpridas para que o instituto em questão fosse passível da respectiva dedução, nos termos dos artigos 7º e 8º da referida lei.

---

[104] Cf. SCHOUERI, Luís Eduardo. **Ágio em reorganizações societárias (aspectos tributários)**. São Paulo: Dialética, 2012, p. 62.

[105] Ricardo Mariz de Oliveira escreve que "A norma legal contida nos arts. 7º e 8º foi promulgada com vistas a facilitar as privatizações levadas a cabo pelo Governo Federal, pois passou a permitir a dedução fiscal de certos ágios antes indedutíveis." OLIVEIRA, Ricardo Mariz de. **Fundamentos do Imposto de Renda**. São Paulo: Quartier Latin, 2008, p. 763.

- **Absorção do patrimônio via incorporação, fusão ou cisão**

A principal exigência, que passa longe de ser um requisito meramente formal, é a junção do patrimônio adquirente com o adquirido, ou que ocorra uma operação de cisão, sendo este um requisito decorrente da própria lógica do instituto em questão: a de que as despesas incorridas para a aquisição do investimento sejam dedutíveis a partir do momento em que as receitas venham a ser com estas confrontadas, o que só poderia ocorrer com a junção dos patrimônios. Nas palavras de Ricardo Mariz de Oliveira:

> Realmente, a racionalidade da norma está em que, por ter havido a reunião da pessoa jurídica a que se refira a expectativa de rentabilidade com a pessoa jurídica pagadora do ágio, este seja deduzido daqueles mesmos lucros esperados ou mesmo se dê quando o ágio for referente ao valor de mercado dos bens do patrimônio da pessoa jurídica a que se refere a participação adquirida.[106]

De fato, como visto, não faria sentido que a dedutibilidade da amortização do ágio fosse permitida anteriormente a tais eventos societários, uma vez que haveria uma violação ao princípio da confrontação das despesas com as receitas e, ainda mais, que haveria despesas dedutíveis sem que a entidade que deu razão a tais despesas estivesse efetivamente possibilitando a geração de lucros à adquirente.

Por isso, diz-se que a condição necessária para a dedutibilidade da amortização é que os resultados sejam levados para dentro da entidade **adquirida** com ágio.

Ademais, a legislação prevê, no artigo 7º (correspondente ao artigo 386 do RIR/99), as condições necessárias para a dedutibilidade da amortização do ágio, enquanto no artigo 8º determina a aplicação das dedutibilidades em questão nas hipóteses em que:

- o investimento não for, obrigatoriamente, avaliado pelo valor de patrimônio líquido; e
- a empresa incorporada, fusionada ou cindida for aquele que detinha a propriedade da participação societária.

---

[106] OLIVEIRA, Ricardo Mariz de. **Fundamentos do Imposto de Renda**. São Paulo: Quartier Latin, 2008, p. 763.

Daí dizer-se que a dedutibilidade do ágio é permitida não só nas hipóteses em que a entidade adquirente seja a incorporadora, mas também nas hipóteses em que ocorra a denominada incorporação reversa.

Nota-se, daí, que o essencial é que uma das entidades envolvidas (adquirente ou adquirida) incorpore a outra, de modo que o patrimônio seja absorvida por incorporação, fusão ou cisão, de forma a permitir o já aludido encontro de contas decorrente do confronto de despesas e receitas.

Inclusive, nas hipóteses de cisão em que o investimento que deu causa ao ágio ou deságio não houver sido transferido para o patrimônio da sucessora, esta deverá registrar:

a) o ágio, em conta de ativo diferido, para amortização caso se trate de ágio fundamentado em expectativa de rentabilidade futura; ou
b) o deságio, em conta de receita diferida, para amortização e correspondente tributação, caso se trate de deságio fundamentado em expectativa de rentabilidade futura.

Apesar da possibilidade de absorção do patrimônio mediante os aludidos eventos de cisão e fusão, considerando que os eventos de incorporação são mais recorrentes no âmbito das fusões e aquisições para fins de absorção dos respectivos patrimônios e consequente aproveitamento do ágio, os pontos adiante serão tratados, de forma exclusiva, sob a ótica de tal instituto. Nesse sentido, por ocasião da incorporação, o que na prática pode ocorrer é o seguinte:

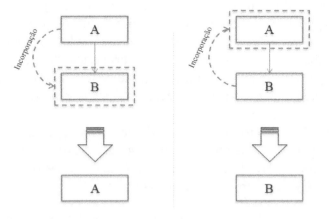

Assim é que, no exemplo acima, a Empresa A foi, na primeira situação, a entidade incorporadora, que, após tal evento, passou a deter os ativos da Empresa B ou os lucros gerados por tais negócios, justificando, assim, a dedutibilidade da amortização do ágio – a recíproca é verdadeira na hipótese em que a Empresa B incorporou a Empresa A.

- **Demonstrativo para comprovação do ágio**

É importante que se reitere que a Lei nº 9.532/97 não impõe formas especiais de comprovação do ágio, fazendo remissão ao artigo 20 do Decreto-Lei nº 1.598/77, que, relembre-se, estabelece a já mencionada condição de elaboração de "demonstrativo" para que os ágios fossem comprovados – ou seja, não há critérios / requisitos formais para demonstração da existência dos ágios ou deságios.

O aludido demonstrativo deve ser mantido pelo contribuinte de modo a demonstrar e comprovar as razões de escolha do respectivo fundamento econômico eleito no momento da apuração do ágio.

De acordo com o visto até aqui, e seguindo os ensinamentos de Ricardo Mariz de Oliveira[107], em suma:

- a lei estipula uma condição para a dedução da amortização do ágio, que é a reunião das pessoas jurídicas (ou de parte delas);
- mas essa condição não é apenas formal e, sim, substancial e racional quanto aos ágios baseados em expectativa de rentabilidade futura; em geral, também quanto aos ágios baseados no valor de mercado dos bens da pessoa jurídica cuja participação foi adquirida;
- é da essência da condição de amortização dos ágios, baseados em expectativa de rentabilidade futura ou no valor de mercado dos bens, que haja uma demonstração desses dados econômicos, a qual, embora não tenha forma legal determinada, deve ser fidedigna e capaz de suportar uma investigação contraditória, sendo ela condição imanente à própria natureza deste tipo de ágio [...]

A partir dos aspectos gerais acima demonstrados, passa-se a examinar, de modo específico, o tratamento conferido aos ágios ou deságios apurados de acordo com os três fundamentos econômicos previstos pelo Decreto-Lei nº 1.598/77, para fins de apuração do IRPJ.

---

[107] OLIVEIRA, Ricardo Mariz de. **Fundamentos do Imposto de Renda.** São Paulo: Quartier Latin, 2008, p. 772.

3.2.2.3. Valor de Mercado dos Bens da Investida

Nos termos do artigo 7º, inciso I, da Lei nº 9.532/97[108], o ágio apurado e fundamentado no valor de mercado dos bens da investida deve ser registrado, por ocasião da aquisição do respectivo investimento, em contrapartida à conta que registre o correspondente bem ou direito que lhe deu causa.

Nesse contexto, conforme previsão do §1º do aludido artigo 7º, o valor correspondente ao ágio deve integrar o custo do bem ou direito na apuração de potencial ganho ou perda de capital ou, nas hipóteses em que tal bem ou direito não sejam alienados, o ágio em questão deverá compor o custo para ser realizado quando da depreciação, amortização ou exaustão do ativo correspondente:

> Art. 7º A pessoa jurídica que absorver patrimônio de outra, em virtude de incorporação, fusão ou cisão, na qual detenha participação societária adquirida com ágio ou deságio, apurado segundo o disposto no art. 20 do Decreto-Lei nº 1.598, de 26 de dezembro de 1977: (Vide Medida Provisória nº 135, de 30.10.2003)
>
> I – deverá registrar o valor do ágio ou deságio cujo fundamento seja o de que trata a alínea "a" do § 2º do art. 20 do Decreto-Lei nº 1.598, de 1977, em contrapartida à conta que registre o bem ou direito que lhe deu causa;
>
> (...)
>
> § 1º O valor registrado na forma do inciso I integrará o custo do bem ou direito para efeito de apuração de ganho ou perda de capital e de depreciação, amortização ou exaustão.

Na prática, então, como a razão (fundamento econômico) do pagamento do sobrepreço (ágio) na aquisição das participações societárias da sociedade investida foi justamente o valor de mercado dos bens da sociedade em questão, por ocasião da incorporação e consequente absorção do patrimônio de tal entidade, não haverá mais ágio registrado contabilmente, mas sim o caso em que a investidora passará a deter os ativos da investida, sendo que o ágio apurado deverá integrar o custo do bem ou direito e será realizado na medida em que o correspondente ativo for também realizado,

---

[108] Art. 7º (...)
I – deverá registrar o valor do ágio ou deságio cujo fundamento seja o de que trata a alínea "a" do § 2º do art. 20 do Decreto-Lei nº 1.598, de 1977, em contrapartida à conta que registre o bem ou direito que lhe deu causa;

via ganho ou perda de capital ou ainda por depreciação, amortização ou exaustão. Em termos gráficos, o que ocorre é o seguinte :

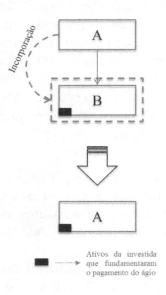

Ativos da investida que fundamentaram o pagamento do ágio

Nesse contexto, assumindo que o ágio pago tenha correspondido ao valor de 1.000, e que os ativos ora referidos estejam contabilizados ao valor de 10.000, no cenário pós-incorporação, tais valores serão somados e, dessa forma, os ativos contabilizados na Sociedade A, que fundamentaram o pagamento do ágio em questão, serão contabilizados ao valor de R$ 11.000. Em seguida, mensalmente, teremos o seguinte cenário:
- um valor, lançado a despesa de depreciação, que será majorado em virtude de o ágio ter sido incorporado ao valor do ativo; e
- um valor no resultado do período, excluído para fins fiscais, para o qual contribuiu o referido bem do ativo.[109]

---

[109] SCHOUERI, Luís Eduardo. **Ágio em reorganizações societárias (aspectos tributários)**. São Paulo: Dialética, 2012, p. 76.

TRATAMENTO DO ÁGIO NA VIGÊNCIA DA LEI Nº 9.532/97

3.2.2.4. Rentabilidade Futura

Em relação ao ágio apurado e fundamentado em expectativa de rentabilidade futura, dispõe o artigo 7º, inciso III[110], da Lei nº 9.532/97, que este poderá ser deduzido para fins de apuração do IRPJ, posteriormente à aludida incorporação à razão de 1/60 (um sessenta avos), no mínimo, para cada mês do respectivo período de apuração.

Na prática, após a incorporação, o ágio será registrado como um ativo intangível e sua amortização contábil será deduzida para fins fiscais dentro do período pelo qual se pagou os lucros futuros, sempre de acordo com os estudos realizados para fins de justificar o fundamento econômico respectivo.

Como ensina Schoueri[111],

> O que aqui ocorre é que os lucros do negócio antes existente na Empresa B e que pela incorporação foi transferido para a Empresa A não representam um resultado positivo efetivo por parte da Empresa A, haja vista que esta inicialmente já havia pago um montante para que tivesse direito aos lucros auferidos.

Assim é que, na apuração do IRPJ e da CSLL, considerando o já mencionado princípio do confronto das despesas e receitas, o ágio apurado deverá ser deduzido na medida em que as receitas correspondentes forem auferidas, de modo a serem transferidos para a conta de resultado, reduzindo, assim, o IRPJ e a CSLL a pagar.

Nesse sentido, enquanto a baixa dos valores correspondentes ao ágio fundamentado em valor de mercado da investida é realizado pela correspondente baixa dos ativos correspondentes, no caso do ágio fundamentado por expectativa de rentabilidade futura, o auferimento de lucros tributáveis na incorporadora, após o evento de incorporação, é que justificará a correspondente baixa do ágio, que, diferentemente da hipótese anterior, ficará

---

[110] Art. 7º (...)
III – poderá amortizar o valor do ágio cujo fundamento seja o de que trata a alínea "b" do § 2º do art. 20 do Decreto-lei nº 1.598, de 1977, nos balanços correspondentes à apuração de lucro real, levantados posteriormente à incorporação, fusão ou cisão, à razão de um sessenta avos, no máximo, para cada mês do período de apuração; (Redação dada pela Lei nº 9.718, de 1998)
[111] SCHOUERI, Luís Eduardo. **Ágio em reorganizações societárias (aspectos tributários).** São Paulo: Dialética, 2012, p. 78.

registrado na contabilidade de investidora até que haja lucro suficiente que justifique a sua correspondente baixa. Para facilitar a visualização:

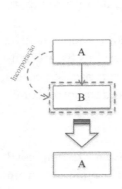

Sociedade A - Balanço Patrimonial imediatamente anterior à incorporação	
Ativo	Passivo
~~Investimento - Sociedade B~~ ~~Ágio por expectativa de~~ ~~rentabilidade futura~~	Patrimônio líquido

Sociedade A - Balanço Patrimonial após a incorporação	
Ativo	Passivo
Intangível - ágio pago por expectaibilidade de rentabilidade futura da Sociedade B	
	Patrimônio líquido

Na apuração do lucro real, o efeito fiscal correspondente ao ágio fundamentado por expectativa de rentabilidade futura da investida é, como dito, a dedutibilidade de tal parcela à razão mínima de 1/60, isto é, 20% ao ano, o que significa que, a cada mês, será lançada uma despesa de 1/60 do valor correspondente ao sobrepreço pago pela aquisição das participações societárias. A apuração do IRPJ e da CSLL da Sociedade A ao final do primeiro ano-calendário, assumindo que o ágio pago corresponda ao valor de 1.000, e que o lucro líquido antes do IRPJ e da CSLL corresponda a 10.000, será a seguinte:

Sociedade A - Apuração anual do IRPJ/CSLL	
Lucro líquido	10.000
Adições	-
Exclusões	
Ágio por expectativa de rentabilidade futura - aquisição da Sociedade B	200
Compensação de prejuízos	-
Lucro real e Resultado ajustado	9.800
IRPJ/CSLL (34%)	**3.332**

Adicionalmente, vale pontuar que a dedutibilidade da amortização do ágio não corresponde (ou não pode corresponder) a um benefício fiscal, uma vez que, como demonstra Schoueri, de fato, a adquirente pagou pelo ágio, tendo o direito de deduzi-lo. Nas suas palavras:

E por que não se trata de benefício?

Exatamente porque a incorporadora pagou aquele ágio. Ou seja: não há como falar em renda se o suposto ganho não corresponde a qualquer riqueza nova. É verdade que o empreendimento é lucrativo; o contribuinte (incorporadora), entretanto, não tem qualquer ganho, até que recupere o ágio que pagou.

Quem tem, então, ganho? Ora, quem tem o ganho é o vendedor, que consegue, na transação comercial, vende o empreendimento acrescido de lucros ainda não auferidos. Tal ganho de capital é imputável ao alienante, não ao adquirente do empreendimento.[112]

No mesmo sentido, Humberto Ávila:

Nesse aspecto, não há dúvida de que as despesas decorrentes da aquisição de investimento com ágio baseado em rentabilidade futura devem ser enquadradas na categoria de despesas necessárias. E assim é porque o ágio é uma despesa paga pela empresa investidora na aquisição de um investimento cuja avaliação, baseada na sua rentabilidade futura, supera o valor atual. Em outras palavras e para o que aqui interessa mais de perto, o ágio é parte do custo de aquisição de um investimento, qualificando-se, por conseguinte, como uma despesa necessária à atividade da empresa que o adquire.[113]

Ademais, caso se trate de deságio, tal valor, por representar um ganho (ou seja, o custo de aquisição do investimento foi inferior ao valor de PL da entidade adquirida), deve ser tributado pela adquirente nas mesmas razões do ágio, após os respectivos eventos de incorporação, fusão ou cisão, conforme previsto pela legislação correspondente.[114]

---

[112] SCHOUERI, Luís Eduardo. **Ágio em reorganizações societárias (aspectos tributários).** São Paulo: Dialética, 2012, p. 80.

[113] ÁVILA, Humberto. Notas sobre o Novo Regime Jurídico do Ágio. *In*: **Controvérsias Jurídico-Contábeis (Aproximações e Distanciamentos).** Coord: Roberto Quiroga Mosquera, Alexsandro Broedel Lopes, v. 5. São Paulo: Dialética, 2014, p. 151.

[114] Art. 7º (...)

IV – deverá amortizar o valor do deságio cujo fundamento seja o de que trata a alínea "b" do § 2º do art. 20 do Decreto-Lei nº 1.598, de 1977, nos balanços correspondentes à apuração de

3.2.2.5. Fundo de Comércio, Intangíveis e Outras Razões

No tocante ao ágio que tenha sido fundamentado em fundo de comércio, intangíveis e outras razões, também neste caso o evento societário de incorporação, fusão ou cisão representa o desaparecimento do correspondente registro contábil, sendo que, na incorporadora, tais ativos serão efetivamente contabilizados.

A legislação, porém, diferentemente dos demais fundamentos, não admite o ágio gerado por este fundamento seja aproveitado fiscalmente:

> Art. 7º
>
> [...]
>
> § 3º O valor registrado na forma do inciso II do caput:
>
> *a)* será considerado custo de aquisição, para efeito de apuração de ganho ou perda de capital na alienação do direito que lhe deu causa ou na sua transferência para sócio ou acionista, na hipótese de devolução de capital;
>
> *b)* poderá ser deduzido como perda, no encerramento das atividades da empresa, se comprovada, nessa data, a inexistência do fundo de comércio ou do intangível que lhe deu causa.

Ou seja, os únicos efeitos serão a consideração de tais valores no momento em que o bem correspondente for realizado e o respectivo ganho ou perda de capital for apurado ou, ainda, a possibilidade de dedução dos valores, como perda, diretamente em resultado, quando do encerramento das atividades da empresa.

Em conclusão, para haver ágio, é necessária a verificação de determinados elementos correspondentes ao aludido instituto, quais sejam:

(i) participações societárias a serem adquiridas;
(ii) contraprestação, isto é, um preço, economicamente aferível, correspondente ao custo de aquisição do investimento nas participações societárias, preço este que necessariamente deve ser superior ao seu valor de PL;
(iii) fundamento econômico para a aquisição das aludidas participações por um preço superior ao valor de PL.

---

lucro real, levantados durante os cinco anos-calendários subseqüentes à incorporação, fusão ou cisão, à razão de 1/60 (um sessenta avos), no mínimo, para cada mês do período de apuração.

3.3. Algumas Discussões Práticas Envolvendo o Ágio Antigo

Ao longo deste capítulo procurou-se analisar o regime jurídico do ágio com base na legislação antiga (i.e antigas previsões do Decreto-Lei nº 1.598/77 e aproveitamento com base na Lei nº 9.532/97). Nesse contexto, considerando as discussões em torno do tema, relevante analisar determinados casos práticos que envolvem tal regime jurídico.

Para tanto, foram selecionados temas que, na experiência prática do Autor e em pesquisa à jurisprudência do CARF e da doutrina, são objeto de discussões acaloradas entre Fisco e Contribuintes: (i) Inexistência de vinculação entre a amortização fiscal do ágio fundamentado em expectativa de rentabilidade futura e efetiva geração de lucros; (ii) Empresa-veículo; e (iii) Ágio interno.[115]

3.3.1. Inexistência de Vinculação entre a Amortização Fiscal do Ágio Fundamentado em Expectativa de Rentabilidade Futura e a Efetiva Geração de Lucros – Análise do Caso DASA

Conforme vimos, o ágio fundamentado em expectativa de rentabilidade futura é aquele em que o adquirente acredita, com base nas avaliações realizadas da entidade investida (e devidamente documentadas no demonstrativo exigido pela legislação), que tal entidade efetivamente gerará benefícios econômicos futuros que demandam o pagamento de um sobrepreço em relação ao PL, gerando, assim, o aludido ágio – tal parcela, por ocasião da incorporação, fusão ou cisão da investida, é amortizável à razão de 1/60, no mínimo, conforme artigo 7º, inciso III, da Lei nº 9.532/97.

Das inúmeras discussões existentes sobre o tema, a que se colocou em pauta no Caso DASA foi a discussão relacionada à necessidade de efetiva geração dos lucros que fundamentaram a expectativa de rentabilidade futura.

O presente subtópico tem por objeto analisar o Acórdão nº 1402-000.342, proferido pela 2ª Turma ordinária da 4ª Câmara de Julgamento da Primeira Seção do CARF, que, a despeito de ter julgado também outros temas, apresenta a discussão sobre o ágio. Antes de seguirmos, pontue-se que o Recurso Especial interposto pela Fazenda Nacional, no âmbito do

---

[115] Seria relevante analisar mais temas relacionados ao ágio; no entanto, dado o objeto deste livro, preferiu-se por focar a análise nos temas adiante apresentados.

FUSÕES E AQUISIÇÕES

aludido processo, não foi conhecido[116], sendo a decisão do CARF definitiva na resolutividade deste caso.

3.3.1.1. Breve Resumo das Operações que Originaram o Ágio

Conforme relatório do Acórdão do caso, a operação em questão tinha como resultado a transferência da participação que determinadas pessoas físicas (Caio e Humberto) detinham na Laboratório Delboni Auriemo S/C LTDA (*"Delboni"*) à empresa Platybus S.A, constituída, nos termos do relatório, em 26/05/1999.

Adicionalmente, segundo o Relatório do Acórdão, duas entidades foram constituídas para que a operação em questão pudesse fosse viabilizada: Origem e Antuérpia, que foram posteriormente incorporadas pela Delboni, possibilitando a amortização fiscal do ágio pago por ocasião da aludida aquisição. Por fim, a Platybus passou a ser controladora da Delboni, que, após outros eventos societário, alterou a sua razão social para Diagnósticos da América S.A (*"DASA"*).

Dessa forma, o Fisco considerou que os ágios gerados por ocasião das aludidas operações societárias, fundamentado em expectativa de rentabilidade futura e aproveitados pela DASA, entre os anos de 1999 e 2003 à razão de 1/60 (um sessenta avos) não eram legítimos.

3.3.2.2. Autuação e Defesa do Contribuinte

Na autuação, o fiscal entendeu que as reorganizações societárias atinentes à Origem e à Antuérpia, "por meio de negócios jurídicos indiretos previamente estabelecidas em contrato visaram, na verdade, a transferência do controle societário, com ganhos fiscais indevidos"[117].

Apesar disso, conforme visto no Relatório e no item 3 do Termo de Acusação Fiscal a ele colacionado, o fiscal limitou-se a considerar ilegítimo o fundamento do ágio:

> O ilícito fiscal diz respeito à desconsideração da natureza jurídica do fundamento econômico do ágio, porque a autuada o justificou com o fundamento de rentabilidade de exercícios futuros, não corroborada pela documentação apresentada. Concluiu a fiscalização, que na verdade, o fundamento econô-

[116] Conforme Acórdão nº 9101-002019, da CSRF.
[117] Acórdão nº 1402-000.342, proferido pela 2ª Turma ordinária da 4ª Câmara de Julgamento da Primeira Seção do CARF

TRATAMENTO DO ÁGIO NA VIGÊNCIA DA LEI Nº 9.532/97

mico do ágio é o previsto na letra "c" do art. 20 do DL 1.598/77, "fundo de comércio, intangíveis e outras razões econômicas". Para corroborar sua conclusão, afirmou que a contribuinte teve prejuízos, no período mencionado. Ou seja, a rentabilidade futura não se confirmou e só a efetiva geração de lucros justificaria o fundamento, exceto se tivesse havido caso fortuito.

Da leitura do relatório, pode-se visualizar o seguinte: (i) o fundamento principal da autuação é de que apenas a efetiva geração dos lucros esperados justificaria a amortização do ágio fundamentado em expectativa de rentabilidade futura; e (ii) os documentos apresentados como fundamento "para o cálculo da rentabilidade futura não espelhariam fatos concretos que pudessem resultar na geração futura de lucros."[118]

Nesse sentido, o Fisco ainda entendeu por promover a glosa integral do ágio, com a aplicação de multa de ofício de 75% somados aos juros.

Como argumentos de defesa, em síntese, o contribuinte colacionou os demonstrativos que comprovam o fundamento econômico do ágio, bem como Parecer Técnico de da área de finanças e investimentos para demonstrar que os critérios utilizados no aludido demonstrativo (aferição e projeção do EBITDA) são, de fato, válidos para avaliar empresas, o que comprova que os investimentos adquiridos, de fato, tinham a expectativa de gerar benefícios econômicos futuros.

Nesse sentido, arguiu que "todas as operações foram realizadas com vistas às contundentes perspectivas de crescimento do ramo de análises clínicas no Brasil"[119], o que permitiria o fundamento econômico utilizado.

3.3.2.3. A Decisão do CARF e a Desnecessidade de Geração de Lucros para Amortização Fiscal do Ágio Fundamentado em Expectativa de Rentabilidade Futura

Na Decisão proferida, o CARF, à unanimidade, deu razão ao contribuinte, considerando que "a legislação fiscal não condicionou a dedutibilidade da amortização do ágio à efetiva apuração de lucro, e nem estabeleceu prazo para a geração de lucros."

---

[118] Alves, Raquel de Andrade Vieira; FRANCO, Fernando Raposo. O Ágio Fundado em Expectativa de Rentabilidade Futura e a Efetiva Geração de Lucros: "Caso DASA". In: MANEIRA, Eduardo; SANTIAGO, Igor Mauler (coords.). **O Ágio no Direito Tributário e Societário: Questões Atuais.** São Paulo: Quartier Latin, 2015, p. 199.
[119] Relatório do Acórdão.

FUSÕES E AQUISIÇÕES

Com efeito, analisou, de forma longa, a documentação comprobatória da expectativa de rentabilidade futura, colacionada pelo contribuinte em seu Recurso Voluntário, e concluiu, após algumas ponderações, que "deve prevalecer a documentação apresentada pela empresa, arquivada como demonstração da apuração do ágio pelo método da expectativa de rentabilidade futura (...)".

De fato, conforme vimos ao longo deste Capítulo, não é necessária a efetiva geração de lucros futuros para que o ágio fundamentado em expectativa de rentabilidade futura seja aproveitado para fins fiscais, bastando, na verdade, que o fundamento (isto é, o aspecto subjetivo) utilizado pelo adquirente no momento do pagamento do sobrepreço em relação ao valor do PL esteja baseado na possibilidade de geração de benefícios econômicos futuros, e que tal fundamento esteja devidamente comprovado em demonstrativo, conforme vimos anteriormente no item "d" do tópico 3.1 acima.

Isso ocorre porque, sob a égide da regra antiga, o que a legislação exigia era a demonstração do aspecto subjetivo do adquirente, isto é, a apresentação do porquê o adquirente de determinadas participações societárias entendeu por pagar um valor superior ao PL da entidade investida para adquirir o aludido investimento.

Adicionalmente, não poderia a fiscalização se valer dos fundamentos contábeis para fundamentar potencial ilegitimidade do ágio – como vimos, a CVM, por meio da edição da Instrução Normativa nº 247/1996, posicionou-se sobre o ágio para fins societários, o que, porém, é inaplicável na seara fiscal:

> Como já afirmado, optou o legislador por criar um instituto jurídico próprio, sujeito a regime tributário específico, condicionando a sua fruião à reunião, em uma mesma unidade, do ágio lastreado em expectativa de rentabilidade futura e dessa rentabilidade que motivou o seu pagamento.
>
> (...)
>
> Logo, para fins de registro é que o Decreto-Lei nº 1.598/77 exigiu como prova do fundamento econômico do ágio entendido como a motivação do adquirente a tomar a decisão de pagar tal sobrepreço pela aquisição de um investimento – a existência de demonstração a ser arquivada pelo adquirente como comprovante da escrituração.
>
> E ainda: comprovado o pagamento do ágio e a validade da sua fundamentação, a Lei nº 9.532/97, ao possibilitar o seu aproveitamento, condicionou-o

à verificação de condição suspensiva, a saber, a realização de operação de incorporação, fusão ou cisão. Nada além disso.

Ainda, em relação à metodologia de cálculo da expectativa de rentabilidade futura, questionada pela autoridade fiscal, também entendemos por tal impossibilidade: é que, não tendo a legislação trazido elementos adicionas além do próprio demonstrativo, na hipótese em que o contribuinte esteja efetivamente munido da aludida documentação e desde que haja efetivamente um estudo relacionado à rentabilidade futura, não pode o Fisco desconsiderar tais elementos, sob pena de atuação fora dos limites legais e, destarte, em contradição ao Princípio da Legalidade.

Inclusive, sobre o tema, Acórdão nº 1201-002.247 proferido pelo CARF, julgado na sessão de 12.06.2018, dispõe que "a expectativa de rentabilidade futura prevista na legislação refere-se à capacidade de geração de caixa da empresa adquirida e isso é geralmente feito por empresas independentes (...) que se baseiam em racionais distintos para tentar projetar tal geração de caixa no futuro."

Em conclusão, entendemos que agiu de forma correta o CARF no julgamento do Caso DASA, já que, efetivamente, não há necessidade de vinculação da geração de lucros para que o ágio fundamentado em expectativa de rentabilidade futura seja amortizado para fins fiscais.

3.3.2. Utilização de "Sociedade Veículo" e a Amortização do Ágio

A utilização das chamadas sociedades-veículo pelos contribuintes tem sido constantemente invocada pelo Fisco como condição para invalidar o negócio jurídico ou o conjunto de negócios jurídicos que resultam na amortização de despesas decorrentes do ágio apurado na aquisição de investimentos, especialmente com base na teoria do abuso de direito e simulação.

Diante desse cenário, passamos a analisar o tema sob a perspectiva legal e jurisprudencial, a fim de identificar os elementos capazes de ensejar a caracterização de determinada sociedade como empresa veículo em caso concreto a ser analisado.

3.3.2.1. Legislação Tributária

Atualmente, a legislação tributária brasileira não prevê um conceito ou uma definição do que venha ser uma entidade sem substância econômica

FUSÕES E AQUISIÇÕES

(ou sociedade veículo), o que dificulta a avaliação/identificação de estruturas que envolvam tais entidades. No entanto, a partir da análise de normativos publicados pela RFB fora do contexto de discussões envolvendo a amortização fiscal do ágio gerado em aquisições de investimentos, esta já se manifestou a respeito do que seria considerada "substância econômica" de holdings.

Nesse sentido, vale observar que tal conceito foi apresentado no contexto de discussões relacionadas à caracterização dos chamados regimes fiscais privilegiados, de modo que, por meio da IN nº 1.037, de 4 de junho de 2010,[120] as autoridades fiscais manifestaram entendimento de que seriam consideradas holdings sem substância econômica aquelas sociedades aquelas que não apresentassem capacidade operacional apropriada para seus fins, a qual seria demonstrada, dentre outros fatores, pela (i) existência de empregados próprios qualificados em número suficiente e (ii) de instalações físicas adequadas para o exercício da gestão e efetiva tomada de decisões relativas: (ii.a) ao desenvolvimento das atividades com o fim de obter rendas derivadas dos ativos de que dispõe; ou (ii.b) à administração de participações societárias com o fim de obter rendas decorrentes da distribuição de lucro e do ganho de capital.

Ressaltamos novamente que tal normativo não representa uma disposição legal, mas sim um indicativo, formalizado por meio de uma Instrução Normativa e não relacionada à questão referente à amortização fiscal de ágio gerado em aquisições de investimentos.

3.2.2.2 Jurisprudência Administrativa
Diante da ausência de um conceito legal claro, as autoridades fiscais e o CARF costumam se valer de parâmetros para verificar se determinada pessoa jurídica envolvida na estrutura poderia ser considerada como mero veículo para a aquisição do investimento (daí a expressão "sociedade veículo")[121].

---

[120] A partir de alterações promovidas por meio da IN nº 1.658, de 13 de setembro de 2016.

[121] Nesse sentido, trazemos os ensinamentos de Roberto Bekierman e Gilberto Fraga, segundo os quais as sociedades veículo podem ser entendidas como "aquelas criadas com o intuito de, inicialmente, serem o veículo para a aquisição do investimento e, posteriormente, incorporadas pela sociedade adquirida, gerando para esta última o direito à utilização do referido benefício fiscal." (In: PEIXOTO, Marcelo Magalhães; FARO, Maurício Pereira. **Análise**

Dentre os principais parâmetros utilizados para tanto, podemos citar: (i) falta de justificativa econômica ou negocial para a constituição da sociedade; (ii) constituição da sociedade pouco tempo antes da aquisição do investimento com ágio; (iii) ausência de atividade operacional significativa (ou nula) na sociedade; (iv) efemeridade da sociedade que, em muitos casos, adquire o investimento e, na sequência, é incorporada pela investida (incorporação reversa); e (v) não utilização de recursos próprios da sociedade adquirente para realizar a transação (por exemplo, vale-se de recursos obtidos via aumento de capital).

Em outras palavras, buscam-se elementos para avaliar se a empresa foi constituída com o propósito exclusivo de obter vantagem tributária a partir da aquisição de participação societária com o registro de saldos de mais valia e goodwill aproveitáveis para fins fiscais. Nesse sentido, citamos decisão proferida pela CSRF, no final de 2017, abordando grande parte dos parâmetros acima:

Não produz o efeito tributário pretendido pelo sujeito passivo a incorporação de pessoa jurídica em cujo patrimônio constava registro de ágio com fundamento em expectativa de rentabilidade futura, sem qualquer finalidade negocial ou societária, em operações em sequência feitas em curto espaço de tempo entre a integralização de capital na incorporada e posterior evento de incorporação reversa. Nestes casos resta caracterizada a utilização da incorporada como mera empresa-veículo para transferência do ágio à incorporadora.[122]

Diante desse cenário, destacamos que, nos últimos anos, a CSRF emitiu reiteradas opiniões no sentido de que a utilização de sociedades sem substância, constituídas exclusivamente para adquirir investimento com ágio, é fato que invalidaria o aproveitamento fiscal do ágio apurado na aquisição de investimentos. Nesse sentido, a análise de determinadas decisões e, com base mos ensinamentos de Luís Eduardo Schoueri, é possível verificar que há um padrão na utilização de "sociedades-veículo" que seriam desconsideradas para fins fiscais, impossibilitando o aproveitamento do ágio:

---

de casos sobre aproveitamento de ágio: IRPJ e CSLL: à luz da jurisprudência do CARF – Conselho Administrativo de Recursos Fiscais. 1 edição. São Paulo: MP Editora, 2016, p. 523)

[122] Acórdão nº 9101-003.208 de 08 de novembro de 2017.

FUSÕES E AQUISIÇÕES

Empresa-veículo
Criada pela própria adquirente com seu investimento na empresa-alvo exclusivamente para a transferência do ágio.
Sua criação não tem outro propósito econômico.
É a empresa para a qual é transferido o ágio
É controladora da empresa que restou após a incorporação e na qual passou a ser amortizado o diferido (hoje, equivalente a ativo intangível).
É extinta por conta da incorporação.
Possibilita que sua controladora possa, ao fim e ao cabo, amortizar, em ativo diferido (hoje, intangível), o referido ágio.

Não obstante o entendimento recente da CSRF, o elemento "sociedade veículo" já foi empregado pelo CARF em diversas oportunidades para fundamentar decisões favoráveis e desfavoráveis aos contribuintes em situações semelhantes. Nesse sentido, alguns julgados positivos afirmam que a existência de empresa veículo não é fato que, isoladamente, tem o condão de impedir a o aproveitamento fiscal do ágio, uma vez que a legislação não veda a sua utilização para esse fim e se trata de opção legal colocada à disposição dos contribuintes. É o caso, por exemplo, da decisão transcrita abaixo:

> Os dispositivos legais concernentes ao registro e amortização do ágio fiscal não vedam que as operações societárias sejam realizadas, única e exclusivamente, com fins ao aproveitamento do ágio. Bem como, nota-se que tal regra não está presente em nenhum outro dispositivo legal de nosso sistema jurídico, seja nacional ou federal. Neste tom, registra-se, nenhuma norma pátria veda que a realização de negócios tenha por finalidade a redução da carga tributária – de forma lícita. É o que se observa no §3º, art. 2 o da Lei das SA, o qual dispõe que a companhia pode ter por objeto participar de outras sociedades (empresa veículo).[123]

Assim, é importante que se destaque: a utilização de sociedades-veículo não pode ser um impedimento ao aproveitamento do ágio, até porque, em muitos casos, tais sociedades são criadas para viabilizar a própria aquisição de determinado investimento, com a posterior incorporação da aludida sociedade para fins de viabilizar o aproveitamento do ágio registrado.

Ora, não se pode dizer que a transferência do ágio para sociedades do mesmo grupo, por ocasião da aquisição de investimento em terceiros,

---

[123] Acórdão nº 1302-002.126, de 17 de maio de 2017.

não pode ocorrer: é que, conforme a legislação societária, por ocasião da incorporação (evento que, em geral, ocorre nessa seara), a entidade sobrevivente assume todos os passivos e ativos da incorporada, sendo o ágio um de tais ativos transferidos.

Inclusive, diversos investimentos de entidades estrangeiras, no Brasil, são viabilizados pela criação de uma sociedade veículo para permitir o aproveitamento do ágio, em busca de uma economia de tributos. Inclusive, a despeito de as autoridades fiscais entenderem que a existência de um "propósito negocial" seria necessária para que determinados movimentos fossem possíveis, destaque-se que a legislação tributária, em nenhum momento, impõe tal obrigação.[124]

O que não pode ocorrer, porém, é determinado movimento que seja eivado de vícios – neste caso, simulação, abuso de direito ou de forma e dissimulação, previstos na legislação, conforme ensina Paulo Ayres Barreto:

> Com efeito, não há enunciado prescritivo que proíba, direta ou indiretamente, a estruturação, por meios lícitos, de operação tributária com o único propósito de reduzir ou mesmo não pagar tributos. Não há regra específica que vede tal procedimento, mas figuras como a simulação e a fraude são aptas a demonstrar que a busca pela economia tributaria não pode ultrapassar os limites normativos (...)[125]

Com isso se quer dizer que não se pode criminalizar a palavra "sociedade-veículo" apenas com base no propósito negocial. É que, realmente, há diversas aquisições de empresas que só são possíveis com a utilização de "sociedades-veículo" (como nos casos em que a legislação regulatória exige a segregação dos investimentos[126]), não havendo problemas em muitas destas por conta da licitude adotada, até porque a própria legislação exige isso.[127]

Não obstante, há casos – normalmente ligados ao ágio interno – em que as "sociedades-veículo" são utilizadas para fins de simular a existência de

---

[124] O que, por conta do princípio da legalidade, previsto no artigo 150, I, da Constituição Federal, é condição necessária para tanto.

[125] BARRETO, Paulo Ayres. Algumas reflexões sobre o "Propósito Negocial" no Direito Tributário Brasileiro. *In*: **Direito Tributário Atual**. Coord: Cristiano Carvalho, 1ª Ed. Rio de Janeiro, Elsevier, 2015, p. 208.

[126] Conforme já decidiu o CARF no Acórdão nº 1402-002.489, de 16/05/2017.

[127] Porém, apesar de o tema demandar extensas reflexões, o escopo desse livro não permite que tal análise seja realizada da forma exigida.

um ágio que, na prática, não existe – tal hipótese será analisada no tópico 3.2.3. Por ora, veja-se a seguinte ilustração para fins de demonstrar como pode ocorrer a aquisição de investimento com sociedades-veículo "lícitas":

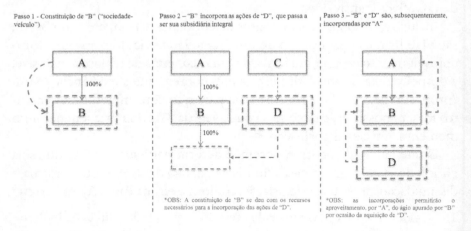

Antes de seguirmos, destaque-se que a constituição da Sociedade "B" pode ocorrer por razões diversas, como a necessidade de eventos de reorganização em "A", Sociedade impedida de adquirir diretamente a Sociedade B por questões regulatórias, para que o ágio seja aproveitado.

É possível, ainda, que a criação das sociedades-veículo ocorra por não-residentes. Neste caso, a constituição da sociedade (investimentos de acordo com a Lei nº 4.131/1962) se daria exclusivamente para que o não residente adquira os investimentos pretendidos por meio de uma Pessoa Jurídica brasileira, apurando e aproveitando ágio na aludida aquisição:

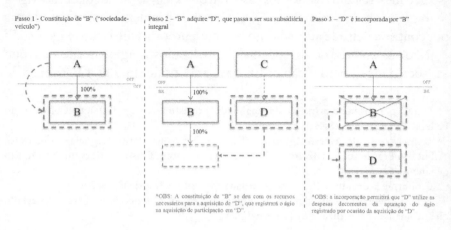

TRATAMENTO DO ÁGIO NA VIGÊNCIA DA LEI Nº 9.532/97

Não há, em tais operações, ilegalidades. Apesar dos constantes questionamentos por parte das autoridades fiscais, não houve simulação, dissimulação, abuso de direito ou de forma: na verdade, o ato declarado pelo contribuinte é justamente o de utilizar-se da aludida sociedade para economia de tributos.

Em conclusão, a criação de sociedades-veículo e a subsequente transferência do ágio para entidades do mesmo grupo, desde que, de fato, o ágio exista – isto é, tenha decorrido do pagamento de um preço superior ao valor de PL – não constituem um problema:

É necessário verificar a origem do ágio, sua "geneticidade". É o *nascimento do ágio, sua geração substancial* é que irá determinar a higidez do ágio, inclusive para fins tributários. A origem ou "geneticidade" do ágio é que chancela o caráter do ágio. *Por quê?*

Simples. É que substancialmente trata-se do *mesmo ágio* na nova investidora, sobretudo na transferência de investimento entre empresas do mesmo grupo – em que há uma *diferença de grau*, em relação a transferência de investimento entre empresas fora do grupo, i.e., entre terceiros. Na *essência*, perante a transferência de investimento entre empresas do grupo, o ágio é o mesmo. Como advertimos, há diferença de grau quando a transferência de investimento é entre terceiros – inúmeras são as variáveis potencial ou possivelmente distintas.[128]

O problema, como será visto adiante, se dá na criação de "sociedades-veículo" para que um ágio seja criado, em geral entre partes relacionadas, sem que tenha havido o efetivo pagamento de sobrepreço na aquisição de investimentos.

3.2.3. Ágio Interno: Possibilidade Jurídica e Controvérsias de sua Apuração

Conforme visto, o ágio é o instituto que corresponde à diferença entre o preço pago na aquisição de determinado investimento e o seu valor de PL – nesse sentido, "Somente surge o ágio, portanto, se uma das partes propõe-se, por motivos diversos (...), a pagar por aquele investimento um valor superior ao valor de seu patrimônio líquido."[129]

---

[128] TAKATA, Marcos Shigueo. Empresa-veículo e a Amortização Fiscal do Ágio: há um Problema Real? *In*: **Controvérsias Jurídico-Contábeis (Aproximações e Distanciamentos).** Coord: Roberto Quiroga Mosquera, Alexsandro Broedel Lopes, v. 5. São Paulo: Dialética, 2014, p. 238.
[129] SCHOUERI, Luís Eduardo. **Ágio em reorganizações societárias (aspectos tributários).** São Paulo: Dialética, 2012, p. 104.

Assim, "Em suma, para haver ágio ou deságio, é necessário que haja uma aquisição, a que título for, isto é, por qualquer meio legal (qualquer ato ou negócio jurídico) que tenha por efeito a transmissão da propriedade de participação em coligada ou controlada."[130]

Dessa forma, diz-se que o ágio interno é aquele em que, por ocasião de determinadas operações ocorridas em um mesmo grupo econômico, apurou-se um "valor pago" pela aquisição de determinado investimento que seria superior ao valor de seu PL, permitindo, assim, a apuração e correspondente aproveitamento do ágio.

Destaque-se que, contabilmente, o ágio só pode ser registrado por ocasião de uma aquisição de investimentos entre partes não relacionadas, conforme CPC 15 e CPC04, não existindo, portanto, para a Contabilidade, ágios em operações havidas dentro de um mesmo grupo econômico, denominado "ágio interno".

Especificamente, o "ágio interno", derivado por expectativa de rentabilidade futura (*goodwill*) não deve ser reconhecido como ativo, nos casos em que gerado internamente, nos termos dos itens 48 e 49 do CPC 04. Nesse sentido, conforme ensina Ramon Tomazela, "O ágio gerado entre pessoas de um mesmo grupo econômico é questionável sob o ponto de vista econômico-contábil, em razão da inexistência de valoração econômica", já que, para fins contábeis, o ágio corresponde ao "resultado econômico oriundo da aquisição de determinado investimento por meio de um processo de negociação entre partes independentes."[131]

A despeito da vedação contábil à sua apuração, não havia, até o advento da Lei nº 12.973/14, vedação legal à apuração de ágio "intragrupo", de modo que a conclusão inevitável, sob a ótica jurídico-tributária, era de que a apuração e aproveitamento de "ágio interno" seria, a princípio, permitido pelo ordenamento pátrio, conforme inclusive já entendeu o CARF (Acórdão nº 1302-002.060):

---

[130] OLIVEIRA, Ricardo Mariz de. Questões Atuais sobre o Ágio – Ágio Interno – Rentabilidade Futura e Intangível – Dedutibilidade das Amortizações – As Inter-relações entre a Contabilidade e o Direito. *In*: **Controvérsias Jurídico-Contábeis (Aproximações e Distanciamentos)**. Coord: Roberto Quiroga Mosquera, Alexsandro Broedel Lopes, v.2. São Paulo: Dialética 2011, p. 229.

[131] SANTOS, Ramon Tomazela. **O regime jurídico do ágio de rentabilidade futura na lei n. 12.973/2014**, acesso em: https://www.marizadvogados.com.br/wp-content/uploads/2018/10/NArt.17-2018.pdf, 10/01/2019, às 10:00, p. 15.

(...) ÁGIO INTERNO. A circunstância da operação ser praticada por empresas do mesmo grupo econômico não descaracteriza o ágio, cujos efeitos fiscais decorrem da legislação fiscal. A distinção entre ágio surgido em operação entre empresas do grupo (denominado de ágio interno) e aquele su rgido em operações entre empresas sem vínculo, não é relevante para fins fiscais. ÁGIO INTERNO. INCORPORAÇÃO REVERSA. AMORTIZAÇÃO. Para fins fiscais, o ágio decorrente de operações com empresas do mesmo grupo (dito ágio interno), não difere em nada do ágio que surge em operações entre empresas sem vínculo. Ocorrendo a incorporação reversa, o ágio poderá ser amortizado nos termos previstos nos arts. 7º e 8º da Lei nº 9.532, de 1997. UTILIZAÇÃO DE EMPRESA VEÍCULO. LEGALIDADE. MANUTENÇÃO DA DEDUTIBILIDADE DO ÁGIO. A utilização de empresa veículo que viabilize o aproveitamento do ágio, por si só, não desfigura a operação e invalida a dedução do ágio, se ausentes a simulação, dolo ou fraude.[132]

Ou seja: é plenamente possível que os acionistas de determinada sociedade adquiram as participações societárias de um minoritário com ágio e que esse ágio seja legítimo, por decorrer da aquisição de participações societárias sujeitas à avaliação pelo MEP.

Não obstante, apesar de juridicamente possível, isto não significa que as operações que geram ágio interno devam fugir às regras gerais de apuração do ágio entre partes não relacionadas. Nesse sentido, é importante ser verificado, nas aludidas operações, se há uma **contraprestação** efetivamente paga pela aquisição das participações societárias, um **fundamento econômico** para o pagamento de um sobrepreço e se há, efetivamente, a negociação de um investimento em dada sociedade.

O tema do ágio interno vem sendo amplamente discutido no âmbito dos tribunais administrativos e judiciais em virtude da simulação (ou dissimulação) implementada pelos Contribuintes, que, a pretexto de "adquirirem" participações intragrupo, simulam negócios jurídicos para permitir a apuração de um ágio amortizável. Por conta disso, as autoridades fiscais, de forma ampla, vêm autuando as operações que calharam na apuração de um ágio intragrupo, ou ágio em si mesmo, justamente em virtude das recorrentes simulações implementadas pelos Contribuintes.

---

[132] Processo nº 11080.726429/2015-99. Acórdão nº 1302-002.060, proferida pela 2ª Turma da 3ª Câmara da 1ª Seção.

Para tanto, nas aludidas autuações, o Fisco baseia-se, principalmente, "(i) na ausência de propósito negocial da transação, (ii) na inexistência de fluxo financeiro para aquisição das participações societárias adquiridas e (iii) na inexistência de avaliação das participações adquiridas a valor de mercado, uma vez que não houvesse partes independentes na operação"[133], observando-se que as autoridades fiscais buscam evitar operações ocorridas em um mesmo grupo econômico e foram fruto de apuração de ágio.

No âmbito do CARF, a análise de algumas decisões permite o melhor entendimento do tema. Porém, antes de continuarmos, um parênteses: o CARF não vem rejeitando as operações de ágio interno em virtude da existência de um ágio gerado entre empresas do mesmo grupo, mas sim porque, de forma geral, tais operações são simuladas e "criam" um ágio que, efetivamente, não existia.

Como exemplo, no Acórdão nº 9101-002.487, julgado pela 1ª Turma da CSRF, entendeu-se pela impossibilidade de amortização do ágio interno gerado nas operações societárias intragrupo em vista da simulação e criação de um ágio interno que, efetivamente, nunca existiu. Para melhor visualizar, a estrutura da operação pode ser representada desta forma:

Passo 1: constituição de nova sociedade (Magius Participações LTDA, "B") pelos acionistas da Magius Metalúrgica Industrial S/A ("A"):

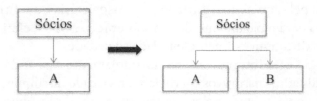

---

[133] Sinopse tribuária 2015-2016: Especial Ágio. Vários coordenadores. São Paulo: Impressão Régia, 2015. p.58.

Passo 2: aporte, em "B", das ações detidas em "A", a valor de custo (R$ 5.799.998,00):

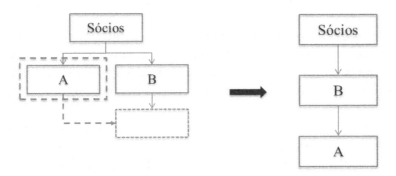

Passo 3: constituição de nova sociedade ("X"), mediante aporte, por parte dos Sócios, das Ações detidas em "B", a valor de mercado (com fundamento em laudo de avaliação de "A"):

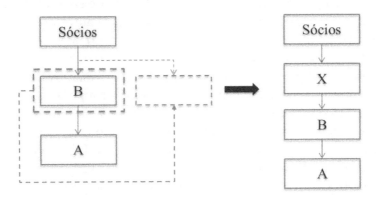

O quarto e último passo compreende a incorporação de "B" por "A", que, ato subsequente, incorpora "X", permitindo, assim, o início da amortização fiscal do ágio. Por conta disso, a CSRF assim decidiu no aludido caso:

ÁGIO INTERNO. AMORTIZAÇÃO. IMPOSSIBILIDADE.
Inadmissível a formação de ágio por meio de operações internas, sem a intervenção de partes independentes e sem o pagamento de preço. (...)
ÁGIO INTERNO. QUALIFICAÇÃO DA MULTA DE OFÍCIO APLICADA. INEXISTÊNCIA DE ÁGIO. SIMULAÇÃO.

Qualifica-se a multa de ofício aplicada quando o pretenso "ágio interno" trata-se de uma mera grandeza criada artificialmente, a que se pretendeu dar a aparência de ágio que, na realidade, nunca existiu.

Como dito linhas atrás, realmente, aqui há a figura da "sociedade-veículo" "clássica", criada sem nenhum propósito e com a única intenção de permitir a falsa geração do ágio, ou seja, a operação foi conduzida para o surgimento e consequentemente aproveitamento do ágio sem o pagamento do preço.

É de se ver que o caso em comento trata do clássico abuso por parte do Contribuinte, já que, em nenhum momento, houve a aquisição de uma participação societária por parte dos Sócios, tendo o ágio sido gerado, apenas, mediante a reavaliação das quotas detidas em "B" em momento seguinte à conferência das ações de "A" nesta sociedade. Ou seja, o ágio não existiu em momento algum, tem sido "criado" pelo Contribuinte em uma operação que não envolveu a aquisição de investimento avaliado por MEP.

A situação julgada, então, é um caso clássico de simulação[134], como aquele ato em que o contribuinte "pretende que a autoridade administrativa acredite que alguma coisa aconteceu, quando nada aconteceu".[135] Realmente, o Contribuinte quis, com o caso acima destacado, que a autoridade acreditasse que o ágio realmente existiu, quando, na verdade, nunca houve a aquisição de uma sociedade, quiçá por valor superior ao de seu PL.

Estruturas similares a essas foram desenhadas em muitos casos julgados relacionados ao ágio interno, como no Caso Carrefour (Acórdão 103-23.290, 1º Conselho de Contribuintes), no Caso Libra (Acordão 101-96.724, 1º Conselho de Contribuintes), Caso MannHummel (Acórdão 1101-000.962), Caso Center Automóveis (1103-00501) Caso Aché (Acórdão 1301-00058), dentre outros.

Não obstante, o CARF já decidiu de forma favorável aos contribuintes: isso ocorre quando, efetivamente, houve o cumprimento dos requisitos necessários para a apuração e aproveitamento do ágio sem vícios que maculem os negócios jurídicos declarados. Nesse sentido, o "Caso San-

---

[134] A simulação é fazer crer que algo ocorreu, quando nada ocorreu, por meio de um negócio jurídico simulado, nos termos da definição do artigo 167, §1º, do Código Civil.

[135] ÁVILA, Humberto. Conferência – Planejamento Tributário. *In*: **Revista de Direito Tributário nº 98**. São Paulo: Editora Malheiros, 2007, p. 76.

tander", apesar de tratar de uma operação de ágio interno, foi julgada de forma favorável ao contribuinte.

Daí é que "O fato de as partes serem ligadas, por si só, não é determinante para que se possa dizer que o ágio gerado em uma transação interna decorre de uma operação simulada (...)"[136], sendo que, no Caso Santander ora mencionado, o CARF entendeu, realmente, que houve um ágio legítimo – porém, tal decisão foi posteriormente reformada pela CSRF, que tem apresentado uma tendência de não aceitar, de forma alguma, o ágio interno.

Da mesma forma, no Caso Gerdau, que havia sido julgado de forma favorável no âmbito do CARF (Acórdão 1101-000.710), a CSRF reformou o aludido acórdão para considerar que as glosas relacionadas às amortizações do ágio interno apurado e amortizado devem ser mantidas (Acórdão nº 9101-002.389).

No Poder Judiciário, existem decisões favoráveis e desfavoráveis sobre o tema.

Na sentença que julgou favorável ao Contribuinte os Embargos à Execução Fiscal nº 5058075-42.2007.4.04.7100, entendeu-se que não há vedação à apuração de ágio interno na legislação anterior à Lei nº 12.973/14.

No julgamento da Apelação nº 5005789-24.2012.4.04.7113[137], o TRF4, com base na perícia realizada ao longo do processo, considerou que houve efetiva apuração e pagamento do ágio, o que legitimaria a sua amortização fiscal.

---

[136] SCHOUERI, Luís Eduardo. Ágio em reorganizações societárias (aspectos tributários). São Paulo: Dialética, 2012, p. 115.

[137] TRIBUTÁRIO. AÇÃO ANULATÓRIA DE DÉBITO FISCAL. ÁGIO INTERNO. PERÍCIA. AMORTIZAÇÃO DE IRPJ E CSLL. COMPENSAÇÃO. SELIC. SUCUMBÊNCIA. 1. Tendo a perícia analisado pormenorizadamente as operações efetuadas pelas empresas envolvidas e concluído por sua regularidade (criação de ágio interno para amortização com IRPJ e CSLL), referida prova se revela de fundamental importância para o deslinde da controvérsia. 2. Concluindo a prova técnica que a autora calculou e amortizou o ágio de forma correta, resta afastada a tese de que houve simulação ou conduta fraudulenta. 3. A compensação de indébitos pode ser efetuada, nos termos do artigo 74 da Lei nº 9.430/96, observado o disposto no artigo 170-A do CTN. 4. A atualização monetária incide desde a data do pagamento indevido do tributo até a sua efetiva compensação, sendo aplicável, para os respectivos cálculos, a taxa SELIC. 5. Ônus sucumbenciais mantidos, conforme fixados na sentença. (TRF4, APELREEX 5005789-24.2012.4.04.7113, SEGUNDA TURMA, Relator OTÁVIO ROBERTO PAMPLONA, juntado aos autos em 23/09/2015)

FUSÕES E AQUISIÇÕES

Por outro lado, no julgamento da Apelação nº 5004003-95.2014.4.04. 7202[138], o Tribunal Regional Federal da 4ª Região considerou que houve simulação no caso concreto em virtude das operações societárias ocorridas terem o propósito de gerar o ágio interno.

Da mesma forma, o Tribunal Regional Federal da 3ª Região decidiu, no julgamento da Apelação nº 0027143-60.2009.4.03.6100, de forma desfavorável ao Contribuinte, ao fundamento de que não seria possível a apuração e amortização fiscal do ágio interno sem que tenha havido a comprovação de pagamento do preço.

No julgamento da Apelação nº 0017237-12.2010.4.03.6100, o mesmo Tribunal Regional Federal da 3ª Região também entendeu que o ágio interno não poderia ser amortizado fiscalmente, uma vez que as operações societárias demonstraram que não houve efetivo pagamento pela aquisição das participações societárias.

Assim, pode-se dizer que, tanto no Poder Judiciário quanto no CARF, a maior preocupação é se houve ou não pagamento pela aquisição das participações societárias que permitiram a geração de ágio, ou se o ágio teria sido gerado de forma artificial.

Nesse contexto, é importante ser destacado, como apontado linhas atrás, que há operações ocorridas dentro de um mesmo grupo econômico em que, por conta da existência de um acionista minoritário, há a necessidade de se realizar determinados movimentos societários que acabam, de fato, gerando ágios internos legítimos, em vista da efetiva aquisição de investimentos em participações societárias. É dizer: o ágio, conquanto exista juridicamente, é um fenômeno econômico, em que sua existência

---

[138] TRIBUTÁRIO. AÇÃO ANULATÓRIA DE DÉBITO FISCAL. ÁGIO INTERNO. AMORTIZAÇÃO DE IRPJ E CSLL. SIMULAÇÃO. CONDUTA FRAUDULENTA. MULTA DE OFÍCIO QUALIFICADA. CABIMENTO. CARÁTER CONFISCATÓRIO. AUSÊNCIA. CUMULAÇÃO DE MULTA DE OFÍCIO COM MULTA ISOLADA. IMPOSSIBILIDADE. 1. A utilização de empresa veículo vinculada ao grupo econômico em uma sequência de operações de aquisições e cisões, com aparência de regulares, mas visando efeito diverso do demonstrado (qual seja, criação de ágio interno para amortização com IRPJ e CLSS), denota simulação. O dolo específico de fraude/simulação na conduta autoriza a incidência da multa qualificada, nos termos do art. artigo 44 inciso I, c/c § 1º da Lei nº 9.430/96. 2. Nos casos em que houve sonegação, fraude ou conluio, mostra-se justificada a aplicação de multa no percentual de 150%. 3. Mantida a sentença que entendeu pela impossibilidade de exigência concomitante da multa isolada e da multa de ofício, uma vez que ambas incidiram sobre a mesma base de cálculo. (TRF4, AC 5004003-95.2014.4.04.7202, PRIMEIRA TURMA, Relator JORGE ANTONIO MAURIQUE, juntado aos autos em 29/05/2015)

será verificada, justamente, em virtude de um fato econômico. Veja-se, nesse sentido, alguns exemplos levantados por Marcos Takata:

> Imagine-se um negócio de aquisição entre duas controladas, ambas com o mesmo controlador. É a aquisição horizontal. Ou seja, uma controlada adquire participação em outra controlada, irmã ou "prima" (as duas têm o mesmo controlador). O investimento adquirido é de tal monta que ele deve ser avaliado pelo MEP. Tal aquisição é feita pela controladora de minoritários da outra controlada. Nessa operação pode ser gerado ágio. Há justificativa ou efetividade econômica nesse ágio.
>
> (...)
>
> Cogite-se de uma pessoa jurídica que resolva incorporar as ações de uma controlada. Esta possui minoritários (outros acionistas que não do grupo). Também aqui, se a investida vale mais que seu valor contábil (e, quiçá, que o valor justo líquido de seus ativos), a relação de substituição de ações pode se dar com base no valor econômico da investida (e da investidora), e a incorporação de ações pode vir a ser feita por esse valor econômico (um critério de avaliação) da investida. Haverá um ágio no investimento, pago pela incorporadora de ações, através da emissão de ações entregue aos novos acionistas da incorporadora de ações (antigos acionistas da que teve as ações incorporadas) – leia-se, aos minoritários, diretos ou indiretos (...)"[139]

Em conclusão, entendemos que é possível a apuração de ágio, de acordo com a Lei nº 9.532/97[140], nas operações realizadas dentro de um mesmo grupo econômico, desde que tais operações efetivamente envolvam os requisitos previstos pela legislação para apuração do ágio na aquisição de investimentos – apesar de tal possibilidade jurídica, o que inclusive é confirmado pelo CARF em determinados julgados, como também pelo Poder Judiciário, os contribuintes, em diversas operações que envolvem a apuração e aproveitamento do ágio interno, praticam atos simulados, "criando" o ágio apurado e posteriormente amortizado, resultando em glosa das correspondentes amortizações do ágio por parte das autoridades fiscais.

---

[139] TAKATA, Marcos Shigueo. Ágio Interno sem Causa ou "Artificial" e Ágio Interno com Causa ou Real – Distinções Necessárias *In*: **Controvérsias Jurídico-Contábeis (Aproximações e Distanciamentos).** Coord: Roberto Quiroga Mosquera, Alexsandro Broedel Lopes, v. 3. São Paulo: Dialética, 2012, p. 209-210.

[140] Conforme será visto, o tratamento do tema em questão foi alterado por ocasião da edição da Lei nº 12.973/14.

4
Tratamento do Ágio após a Edição da Lei nº 12.973/14

O presente capítulo tem por escopo analisar o tratamento tributário do ágio após a edição da Lei nº 12.973/14. Como a publicação desta lei trouxe diversos impactos fiscais relacionados à apuração do IRPJ e da CSLL, bem como do PIS e da COFINS, antes de apresentar o novo regime do ágio, será analisada, de forma breve, o contexto em que a aludida lei foi editada, os seus correspondentes efeitos, para, em seguida, analisar o instituto do ágio (oras denominado simplesmente de ágio, oras tratado de acordo com a nova divisão promovida pela legislação em mais-valia e *goodwill*) de acordo com as alterações promovidas pela lei em questão.

4.1. A Lei nº 12.973/14 e o Novo Paradigma na Tributação Corporativa

Como visto no Capítulo 2, a Lei nº 11.638/07 inaugurou o processo de convergência da contabilidade no Brasil, guiada pelas normas editadas pelo IFRS, que, no Brasil, são reproduzidos pelos Pronunciamentos publicados pelo Comitê de Pronunciamentos Contábeis.

Nesse contexto, enquanto as novas regras contábeis privilegiam a essência econômica em detrimento da forma jurídica, as regras fiscais tradicionalmente adotavam a forma jurídica como ponto de partida para a definição da incidência de tributos – dessa forma, um primeiro problema estaria em pauta com a edição da lei em questão: como haveria alteração na apuração do lucro líquido, e que o lucro líquido, como visto, é o ponto de partida da apuração dos tributos corporativos, por óbvio, as modificações contábeis impactariam na própria apuração do IRPJ e da CSLL.

A despeito de tais alterações, em face do rígido ordenamento jurídico-tributário e das normas de competência outorgadas pela Constituição Federal de 1988, não é possível a cobrança de tributos sem lei em sentido formal que o estabeleça. Ou seja, as alterações promovidas pela referida Lei nº 11.638/2007 não poderia, em princípio, impactar a tributação do IRPJ e da CSLL.

Não foi, porém, o que aconteceu: a RFB publicou diversas manifestações em que entendia que as novas regras contábeis alteravam a apuração dos aludidos tributos. Nesse sentido, a Lei nº 11.941/2009 inaugurou o regime tributário de transição e, prevendo que a apuração do lucro real se daria com base nas regras vigentes anteriores à edição da Lei nº 11.638/2007, tratou por promover a esperada neutralidade fiscal.

Seguindo-se, foi publicada a Medida Provisória nº 627/2013, posteriormente convertida na Lei nº 12.973/2014, que teve a pretensão de iniciar o processo de convergência, no âmbito fiscal, às novas regras contábeis acima mencionadas. Nesse contexto, a exposição de motivos da nova legislação deixa clara o seu objetivo: evitar a insegurança jurídica, promover a convergência da lei fiscal à nova contabilidade e estabelecer uma nova forma de apuração do IRPJ e da CSLL, bem como às contribuições ao PIS/COFINS:

1. A Lei nº 11.638, de 28 de dezembro de 2007, alterou a Lei nº 6.404, de 15 de dezembro de 1976 – Lei das Sociedades por Ações, modificando a base de cálculo do Imposto sobre a Renda da Pessoa Jurídica – IRPJ, da Contribuição Social sobre o Lucro Líquido – CSLL, da Contribuição para o PIS/PASEP e da Contribuição para o Financiamento da Seguridade Social – COFINS. A Lei nº 11.941, de 2009, instituiu o RTT, de forma opcional, para os anos-calendário de 2008 e 2009, e, obrigatória, a partir do ano-calendário de 2010.

2. O RTT tem como objetivo a neutralidade tributária das alterações trazidas pela Lei nº 11.638, de 2007. O RTT define como base de cálculo do IRPJ, da CSLL, da Contribuição para o PIS/PASEP, e da COFINS os critérios contábeis estabelecidos na Lei nº 6.404, de 1976, com vigência em dezembro de 2007. Ou seja, a apuração desses tributos tem como base legal uma legislação societária já revogada.

3. Essa situação tem provocado inúmeros questionamentos, gerando insegurança jurídica e complexidade na administração dos tributos. Além disso, traz dificuldades para futuras alterações pontuais

na base de cálculo dos tributos, pois a tributação tem como base uma legislação já revogada, o que motiva litígios administrativos e judiciais.

4. A presente Medida Provisória tem como objetivo a adequação da legislação tributária à legislação societária e às normas contábeis e, assim, extinguir o RTT e estabelecer uma nova forma de apuração do IRPJ e da CSLL, a partir de ajustes que devem ser efetuados em livro fiscal. Além disso, traz as convergências necessárias para a apuração da base de cálculo da Contribuição para o PIS/PASEP e da COFINS.

Assim, na vigência da nova Lei, o RTT e seus ajustes foram extintos, de modo que "o resultado contábil, apurado de acordo com a legislação societária em vigor, volta a ser o ponto de partida da apuração do lucro real e da base de cálculo da CSLL".[141]

Dessa forma, repita-se: a ideia com a edição da nova lei é adequar o regime tributário à nova contabilidade. Nas palavras de Natanael Martins:

> Foi o que o Poder Executivo justamente fez na Medida Provisória 627/2013, ao buscar dar o adequado tratamento tributário aos resultados da "nova contabilidade" ainda não realizados, derivados e avaliações econômicas de ativos e de passivos (v.g., ajustes a valor presente ou a valor justo) ou de novas metodologias na apuração de resultados de determinadas operações (v.g., contabilização de ativos biológicos) (...)"[142]

Com efeito, em vista da essência econômica que pauta a contabilidade padrão IFRS, não se pode perder de vista a subjetividade conferida aos contadores no reconhecimento e mensuração dos institutos contábeis. Nesse tocante, como tal padrão contábil passa a ser, a partir da Lei nº 12.973/2014, o ponto de partida para apuração do lucro real e da base de cálculo da CSLL, "será preciso adotar toda cautela nas posições contábeis que forem

---

[141] MIFANO, Flavio. DINIZ, Rodrigo de Madureira Pará. A Lei Nº 12.973/2014: A Primeira Página de um Novo Livro na História da Tributação Corporativa Brasileira. *In*: **Sinopse Tributária 2014-2015.** São Paulo: Impressão Régia, 2014, p. 29.

[142] MARTINS, Natanael. A Nova Contabilidade pós Medida Provisória 627/2013: Normas Contábeis e Normas de Tributação: dois Corpos Distintos de Linguagem e de Aplicação. *In*: **Controvérsias Jurídico-Contábeis (Aproximações e Distanciamentos).** Coord: Roberto Quiroga Mosquera, Alexsandro Broedel Lopes, v. 5. São Paulo: Dialética, 2014, p. 308.

FUSÕES E AQUISIÇÕES

assumidas, especialmente em relação a fatos e eventos que comportem mais de uma interpretação sobre o adequado reflexo na contabilidade."[143]

Assim é que, diferentemente do que ocorria na vigência do RTT, em que simplesmente os intérpretes da tributação do IRPJ e da CSLL identificavam os efeitos relacionados à nova Contabilidade para neutralizá-los para fins de respectiva tributação, a partir da vigência da Lei nº 12.973/2014, a ideia é outra: caberá, de fato, ao intérprete conhecer o novo padrão contábil, os institutos postos "e aferir como tal regulação do IRPJ e da CSLL o captura – se o faz na sua integralidade, se modifica em parte ou no todo os seus elementos à vista da conveniência da tributação etc."[144]

É importante destacar que as novas regras fiscais, alinhadas ao padrão contábil IFRS, devem observar os institutos jurídicos especialmente aplicáveis aos tributos corporativos, de modo que, caso determinados institutos, como a realização da renda, não sejam observados por ocasião da aludida convergência ao padrão IFRS, é de se reconhecer a inconstitucionalidade da nova regra, dado que o regime jurídico-tributário não pode ter seus fundamentos afetados de nenhuma forma, a menos que a própria lei assim o reconhecesse – o que, nos termos da Constituição Federal[145], demanda que tal alteração fosse procedida por meio de lei complementar.

Como visto no tópico 2.2, a Contabilidade padrão IFRS pauta-se na essência econômica dos negócios jurídicos para proceder ao reconhecimento e mensuração dos respectivos eventos contábeis, enquanto o Direito Tributário pauta-se na forma jurídica dos próprios negócios para que avalie a correspondente tributação.

Nesse tocante, é importante destacar que os reflexos fiscais atinentes às alterações promovidas pela contabilidade padrão IFRS nem sempre impactarão a apuração do IRPJ e da CSLL da mesma forma que impactam a apuração do lucro líquido, como no caso da Avaliação da Valor Justo, em que na Contabilidade tem efeito no resultado imediatamente, mas, para

---

[143] MIFANO, Flavio. DINIZ, Rodrigo de Madureira Pará. A Lei Nº 12.973/2014: A Primeira Página de um Novo Livro na História da Tributação Corporativa Brasileira. *In*: **Sinopse Tributária 2014-2015**. São Paulo: Impressão Régia, 2014, p. 29.

[144] HADDAD, Gustavo Lian. PAES, Gustavo Duarte. O Ágio por Expectativa de Rentabilidade Futura na Lei 12.973 e o *Goodwill* na Combinação de Negócios – Aproximações e Distanciamentos. *In*: **Controvérsias Jurídico-Contábeis (Aproximações e Distanciamentos)**. Coord: Roberto Quiroga Mosquera, Alexsandro Broedel Lopes, v. 6. São Paulo: Dialética, 2015, p. 249.

[145] Artigo 146, III, "a", CF.

fins fiscais, por conta do regime jurídico do Imposto sobre a Renda (que demanda que o contribuinte realize a renda para que seja permitida a tributação pelo imposto em questão), só é reconhecido no momento em que o contribuinte realize o bem correspondente.[146] Dessa forma,

> É de se destacar, portanto, que a Lei nº 12.973/2014 traz, aos intérpretes das novas regras de tributação corporativa, mais este desafio, ou seja, além de lidar com a nova realidade de conciliar e avaliar os métodos, critérios e eventos contábeis com seus potenciais reflexos tributários (já no dito "padrão IFRS"), deverão ser cuidadosamente consideradas, ainda, as situações excepcionais em que, por força de expressa previsão legal, a forma legal deverá prevalecer, para fins tributários, sobre a essência (...)".[147]

Ademais, diversos temas inaugurados pela contabilidade padrão IFRS tiveram tratamento tributário pela Lei nº 12.973/2014, como: (i) avaliação a valor justo (AVJ); (ii) avaliação a valor presente (AVP); (iii) apuração e tributação do ágio, agora denominado *goodwill* não só pelo CPC 15, mas também pela legislação tributária; (iv) impairment; (v) arrendamento mercantil; (vi) instrumentos financeiros; dentre outros.

É dizer, a legislação fiscal aproximou-se, com a edição da Lei nº 12.973/2014, da contabilidade padrão IFRS, regulando os correspondentes efeitos fiscais da aludidas alterações. No entanto, o Direito nem sempre acompanha a realidade dos fatos: ou seja, a contabilidade apresenta diversos outros institutos que não foram abarcados pela nova lei, o que pode vir a causar um problema.

A despeito disso, o próprio legislador previu uma regra de neutralidade para evitar tais efeitos danosos: conforme previsto no artigo 58 da Lei nº 12.973/2014, "a modificação ou a adoção de métodos e critérios contá-

---

[146] Para tanto, o contribuinte deve seguir o comando disposto no artigo 13 da Lei nº 12.973/14: "Art. 13. O ganho decorrente de avaliação de ativo ou passivo com base no valor justo não será computado na determinação do lucro real desde que o respectivo aumento no valor do ativo ou a redução no valor do passivo seja evidenciado contabilmente em subconta vinculada ao ativo ou passivo.
§ 1º O ganho evidenciado por meio da subconta de que trata o caput será computado na determinação do lucro real à medida que o ativo for realizado, inclusive mediante depreciação, amortização, exaustão, alienação ou baixa, ou quando o passivo for liquidado ou baixado."
[147] MIFANO, Flavio. DINIZ, Rodrigo de Madureira Pará. A Lei Nº 12.973/2014: A Primeira Página de um Novo Livro na História da Tributação Corporativa Brasileira. *In*: **Sinopse Tributária 2014-2015**. São Paulo: Impressão Régia, 2014, p. 33.

beis, por meio de atos administrativos emitidos com base em competência atribuída em lei comercial, que sejam posteriores à publicação desta Lei, não terá implicação na apuração dos tributos federais até que lei tributária regule a matéria."

Desta feita, conforme já comentado, a adoção da contabilidade internacional no Brasil reforçou que os padrões IFRS passassem a ser obrigatórios para as Companhias brasileiras em vista da previsão de que a Contabilidade é o ponto de partida da apuração do lucro real.

A Lei nº 12.973/2014 reforça tal obrigatoriedade por dois motivos: (**i**) reforçar que a Contabilidade padrão IFRS é o ponto de partida de apuração do lucro real; e (**ii**) impedir, por meio da regra da neutralidade, que a modificação de novos critérios contábeis posteriores à edição da lei em questão produzam efeitos na apuração dos tributos federais até que lei tributária regule o tema.

Especificamente sobre esse último ponto, conclui-se pela obrigatoriedade de apuração da escrituração fiscal de acordo com o padrão IFRS em uma interpretação *contrassensu* do artigo 58 da Lei nº 12.973/2014, na medida em que, se novos critérios contábeis demandam a edição de lei tributária que regule a matéria, presume-se que os métodos antigos (IFRS) foram regulados pela Lei tributária e, portanto, devem ser adotados pelas Companhias brasileiras.

Feitas essas breves considerações a respeito da convergência da legislação fiscal à contabilidade padrão IFRS, e considerando que o ágio, tema deste texto, foi profundamente alterado por ocasião da edição da Lei nº 12.973/2014, cabe-nos, agora, apresentar as novas vicissitudes relacionadas ao tema.

4.2. As Operações de Combinação de Negócios e o Registro Contábil do Ágio (Goodwill)

Antes de apresentar as regras fiscais atinentes ao novo regime jurídico do ágio, inaugurado pela Lei nº 12.973/14, faz-se mister apresentar os contornos contábeis relacionados ao instituto em questão, dado que a referida lei inspira-se (e utiliza) critérios postos pelo CPC 15 para fins de determinar os contornos do ágio.

Como visto de forma breve no tópico 3.1.2.1, o CPC 15 rompeu com a dependência da contabilidade à legislação tributária e estabeleceu determinados critérios para que o ágio fosse registrado contabilmente.

Dessa forma, o referido pronunciamento contábil estabelece a forma através da qual o adquirente de um novo negócio deve:

i) reconhecer e mensurar, em suas demonstrações contábeis, os ativos identificáveis adquiridos, os passivos assumidos e as participações societárias de não controladores na adquirida;

ii) reconhecer e mensurar o ágio por expectativa de rentabilidade futura (*goodwill* adquirido) advindo da combinação de negócios ou o ganho proveniente de compra vantajosa; e

iii) determinar que informações devem ser divulgadas para possibilitar que os usuários das demonstrações contábeis avaliem a natureza e os efeitos financeiros da combinação de negócios.[148]

Nessa altura do discurso, é importante registrar o âmbito de aplicação do CPC 15: tal pronunciamento tem por objeto a combinação de negócios, definida como o evento em que "um adquirente obtém o controle de um ou mais negócios, independentemente da forma jurídica da operação"[149], entre partes independentes.

Nesse contexto, destaque-se que qualquer operação que, economicamente[150], tenha por objeto a transferência do controle de um negócio[151], independentemente do instrumento jurídico adotado para tanto (incorporação de ações, compra e venda de participações societárias, compra e venda de ativos e passivos que compõem o negócio, permuta de ativos)

---

[148] HADDAD, Gustavo Lian. PAES, Gustavo Duarte. O Ágio por Expectativa de Rentabilidade Futura na Lei 12.973 e o *Goodwill* na Combinação de Negócios – Aproximações e Distanciamentos. *In*: **Controvérsias Jurídico-Contábeis (Aproximações e Distanciamentos).** Coord: Roberto Quiroga Mosquera, Alexsandro Broedel Lopes, v. 6. São Paulo: Dialética, 2015, p. 251.

[149] Apêndice A do CPC 15.

[150] Nas palavras de Natanael Martins, "qualquer forma jurídica de operação que, economicamente, resultar na aquisição de um 'negócio'" será considerada uma combinação de negócios. MARTINS, Natanael. A Lei 12.973/2014 e o Novo Tratamento Tributário Dado às Operações de Combinação de Negócios – Pronunciamento Técnico CPC 15. *In*: **Controvérsias Jurídico-Contábeis (Aproximações e Distanciamentos).** Coord: Roberto Quiroga Mosquera, Alexsandro Broedel Lopes, v. 6. São Paulo: Dialética, 2015, p. 470-471.

[151] Definido pelo Apêndice A do CPC 15 como: conjunto integrado de atividades e ativos capaz de ser conduzido e gerenciado para gerar retorno, na forma de dividendos, redução de custos ou outros benefícios econômicos, diretamente a seus investidores ou outros proprietários, membros ou participantes.

terá aplicação do CPC 15, para fins contábeis, caso se trate de transação entre partes independentes.

Destaque-se que não há previsão expressa de aplicação do CPC 15 no caso de aquisição de participações societárias, mas a ICPC 09 (itens 18 e seguintes) resolvem a lacuna do Pronunciamento em questão, dispondo de forma expressa (item 20) que os critérios de reconhecimento e mensuração dos ativos adquiridos e passivos assumidos a serem utilizados são aqueles constantes no CPC 15.

Seguindo-se, como já visto, o CPC 15 determina que o registro contábil da operação que configure uma combinação de negócios deve observar algumas etapas, que compreendem: (i) identificação do adquirente; (ii) determinação da data de aquisição; (iii) o reconhecimento e mensuração, a valor justo, dos ativos identificáveis adquiridos, dos passivos assumidos e das participações societárias de não controladoras na adquirida; e (iv) o reconhecimento e mensuração do ágio por expectativa de rentabilidade futura (goodwill) ou do ganho proveniente de compra vantajosa.

Antes de seguirmos, porém, é importante que se destaque a relevância do CPC 15 nas operações de fusões e aquisições: é que, como a configuração de uma combinação de negócios demanda o reconhecimento e mensuração de determinados elementos da entidade investida de acordo com os critérios determinados no aludido pronunciamento contábil, por óbvio, tal mensuração poderá impactar diretamente potenciais *deals*, o que, nas hipóteses de uma combinação de negócios, exigirá o registro contábil aqui destacado.

A relevância dos itens (iii) e (iv) acima demanda sua análise específica, o que será feito a seguir.

4.2.1. Reconhecimento e Mensuração dos Ativos e Passivos Adquiridos a Valor Justo e do Ágio por Expectativa de Rentabilidade Futura (Goodwill)

Como visto, o CPC 15 demanda o reconhecimento e mensuração, a valor justo, dos ativos identificáveis adquiridos, dos passivos assumidos e das participações societárias de não controladoras por ocasião da aquisição de um negócio:

> (...) sempre que uma companhia comprar ações de uma empresa já existente e esse evento lhe proporcionar influência, controle ou controle conjunto, muito provavelmente o valor de aquisição será representativo do valor

justo dessa participação comprada, o qual, na data da obtenção da influência, controle ou controle conjunto, conterá os seguintes valores: (a) valor patrimonial do investimento, pela parte do investidor no patrimônio líquido da investida; (b) valor por mais-valia de ativos líquidos, pela parte do investidor na diferença positiva entre o valor justo dos ativos líquidos e o valor patrimonial desses mesmos ativos líquidos; e (c) valor de ágio por rentabilidade futura (goodwill), pela diferença positiva entre o valor de aquisição para o investidor na participação comprada e a parte que lhe cabe no valor justo dos ativos líquidos da investida.[152]

Importante destacar que a aplicação do CPC 15 se dará quando houver a alienação do controle de determinado negócio, seguindo as disposições da norma contábil em questão.

Em relação aos ativos da investida, é importante destacar que a mensuração a valor justo é de extrema relevância, uma vez que o ágio por expectativa de rentabilidade futura (*goodwill*) é justamente a parcela remanescente em relação ao valor de PL da investida e a mais-valia dos ativos líquidos, valores esses que serão contabilizados em subcontas distintas para fins de controle interno.[153]

Veja-se, neste caso, que o ágio por expectativa de rentabilidade futura é, conforme CPC 15, "um ativo que representa benefícios econômicos futuros resultantes de outros ativos adquiridos em uma combinação de negócios, os quais não são individualmente identificados e separadamente reconhecidos". Portanto, considerando as lições acima:

> nos termos do CPC 15 o cálculo do ágio para fins contábeis deixou de ser a diferença entre o valor de aquisição do negócio adquiridos e o valor do patrimônio líquido da participação adquirida, passando a corresponder apenas à parte do valor de aquisição que excede o valor justo dos ativos e passivos adquiridos [...][154]

---

[152] GELBCKE, Ernesto Rubens. SANTOS, Ariovaldo dos. IUDÍCIBUS, Sérgio de. MARTINS, Eliseu. **Manual de Contabilidade Societária: aplicável a todas as sociedades: de acordo com as normas internacionais e do CPC.** 3ª Ed. São Paulo: Atlas, 2018, p. 211.

[153] GELBCKE, Ernesto Rubens. SANTOS, Ariovaldo dos. IUDÍCIBUS, Sérgio de. MARTINS, Eliseu. **Manual de Contabilidade Societária: aplicável a todas as sociedades: de acordo com as normas internacionais e do CPC.** 3ª Ed. São Paulo: Atlas, 2018, p. 213.

[154] HADDAD, Gustavo Lian. PAES, Gustavo Duarte. O Ágio por Expectativa de Rentabilidade Futura na Lei 12.973 e o *Goodwill* na Combinação de Negócios – Aproximações e Distancia-

Destaque-se, ainda, que se as aludidas diferenças entre o preço de aquisição e os demais valores forem negativas, não haverá mais-valia de ativos e *goodwill*, mas sim uma menos-valia (ou seja, os ativos valem menos do que o montante registrado) e ganho por compra vantajosa (já que o custo de aquisição se deu por um valor menor do que efetivamente valem os ativos e passivos adquiridos).

Cabe registrar, ainda, que o *goodwill* não fica, nos termos da regulamentação contábil, sujeita a qualquer hipótese de amortização[155] ou redução do seu valor, com exceção do *impairment* (teste de recuperabilidade do valor) anual, conforme item B69 "d" de tal norma.

Por fim, em que pese a relevância de aplicação do CPC 15 para determinação do *goodwill* para fins contábeis, destaque-se que a legislação fiscal, por ocasião da edição da Lei nº 12.973/14, não se vinculou aos critérios contábeis na determinação do ágio em matéria fiscal, conforme será melhor abordado linhas abaixo.

4.3. Regime do Ágio na Lei nº 12.973/14
Como mencionado, a Lei nº 12.973/14 trouxe diversas alterações na legislação tributária em vigor, com o principal objetivo de alinhar a legislação tributária à contabilidade padrão IFRS.

Especificamente no que concerne ao "ágio", a Lei nº 12.973/14 inovou tanto com relação a novos critérios para sua determinação e aproveitamento, como restringiu os limites para seu aproveitamento em razão de operações de incorporação, fusão e cisão.

Assim como fizemos para o ágio "antigo", serão demonstradas as regras atinentes à apuração e os correspondentes efeitos fiscais, conforme o comando disposto na Lei nº 12.973/14.

4.3.1. Lei nº 12.973/2014 *versus* CPC 15 na Determinação do Ágio em Matéria Fiscal
Antes de avançarmos, importante analisar a importância do CPC 15 na determinação do ágio para fins jurídicos.

---

mentos. *In*: **Controvérsias Jurídico-Contábeis (Aproximações e Distanciamentos).** Coord: Roberto Quiroga Mosquera, Alexsandro Broedel Lopes, v. 6. São Paulo: Dialética, 2015, p. 254.
[155] Conforme item 32.A do CPC 18: " 32. (...) (a) o ágio fundamentado em rentabilidade futura (*goodwill*) relativo a uma coligada, a uma controlada ou a um empreendimento controlado em conjunto (...) deve ser incluído no valor contábil do investimento e sua amortização não é permitida."

TRATAMENTO DO ÁGIO APÓS A EDIÇÃO DA LEI Nº 12.973/14

Por mais que a legislação tributária tenha eleito, como visto no tópico 2.3.1, a contabilidade como ponto de partida para apuração do lucro real, não se pode elevar as disposições de tal ciência à hierarquia das Leis – especialmente quando houver disposições específicas na legislação tributária.

Nesse sentido, o CPC 15, regra contábil que dispõe sobre a apuração do *goodwill* em uma combinação de negócios, não pode ser utilizada como norma determinante para apuração do ágio fiscal. Inclusive, importante esclarecer que o legislador tributário, apesar de ter se inspirado nas regras contábeis para criação do "novo" ágio em matéria fiscal (o que não poderia ser diferente, principalmente em função da segurança jurídica que o novo sistema confere), não elegeu as regras contábeis como determinantes na apuração de tal instituto.

Na verdade, ao invés de se vincular ao CPC 15 de forma expressa, o legislador tributário **optou** por criar um regime fiscal independente, mas inspirado nas regras do aludido diploma contábil. Isso é suficiente para verificar sua independência em matéria fiscal, seguindo os ditames do Princípio (regra) da Legalidade (artigo 150, inciso I, da Constituição Federal).

Por óbvio, determinados institutos contábeis necessários para a **mensuração** do valor dos ativos da investida serão utilizados no cálculo do ágio, conforme a legislação contábil, mas isto não significa que o regime fiscal de reconhecimento do ágio esteja vinculado inteiramente ao CPC 15.

É que, como visto acima, a legislação fiscal, mais especificamente as alterações introduzidas pela Lei nº 12.973/2014 ao Decreto-Lei nº 1.598/1977, "tem vida própria e define diretamente as condições e requisitos para sua aplicação"[156], não havendo, repita-se, vinculação necessária do ágio fiscal ao ágio contábil – apesar da clara inspiração neste regime.

Ou seja, diferentemente do CPC 15, que exige a ocorrência de uma combinação de negócios para a sua aplicação, o novo artigo 20 do Decreto-Lei nº 1.598/1977 é aplicável sempre que haja aquisição de participação societária em investimento avaliado pelo MEP, o que demonstra uma desvinculação do regime fiscal ao regime contábil.

---

[156] HADDAD, Gustavo Lian. PAES, Gustavo Duarte. O Ágio por Expectativa de Rentabilidade Futura na Lei 12.973 e o *Goodwill* na Combinação de Negócios – Aproximações e Distanciamentos. *In*: **Controvérsias Jurídico-Contábeis (Aproximações e Distanciamentos)**. Coord: Roberto Quiroga Mosquera, Alexsandro Broedel Lopes, v. 6. São Paulo: Dialética, 2015, p. 269.

FUSÕES E AQUISIÇÕES

Por fim, nem se diga que a expressão "saldo da contabilidade", utilizada pelo artigo 22 da Lei nº 12.973/14, indicaria a utilização da legislação contábil para apuração do ágio fiscal – até porque, como será visto, eventuais testes de recuperabilidade (*impairment*) ocorridos após a aquisição de participações societárias não reduzem o valor do ágio a ser aproveitado para fins fiscais.

Na verdade, a análise do *caput* do aludido dispositivo permite inferir (i) que não há, após o RTT, a segregação entre balanços contábil e fiscal – o que há são ajustes em livros fiscal para fins exclusivos da apuração do IRPJ; e (ii) que a apuração do ágio sempre se dará de acordo com o artigo 20 do Decreto-Lei nº 1.598/1977, com as alterações introduzidas pela Lei nº 12.973/14:

> Art. 22. A pessoa jurídica que absorver patrimônio de outra, em virtude de incorporação, fusão ou cisão, na qual detinha participação societária adquirida com ágio por rentabilidade futura (goodwill) *decorrente da aquisição de participação societária entre partes não dependentes, apurado segundo o disposto no inciso III do caput do art. 20 do Decreto-Lei nº 1.598, de 26 de dezembro de 1977,* poderá excluir para fins de apuração do lucro real dos períodos de apuração subsequentes o saldo do referido ágio existente na contabilidade na data da aquisição da participação societária, à razão de 1/60 (um sessenta avos), no máximo, para cada mês do período de apuração. (grifos nossos)

Em conclusão, parece-nos que, em que pese a sua relevância, o CPC 15 não é utilizado na determinação do ágio em matéria fiscal, salvo questões atinentes ao reconhecimento e mensuração de ativos líquidos, já que o legislador optou por criar um sistema jurídico mediante a introdução de dispositivos específicos pela Lei nº 12.973/14.

Apesar disso, há extrema relevância em discutir a aplicação do CPC 15 nas discussões de uma transação que envolva a compra e venda de participações societárias, haja vista que, em muitos casos, a imposição de sua aplicação pelos assessores contábeis pode implicar na necessária aplicação do regime jurídico do ágio em função de suas aproximações.

Ainda, não se pode descartar o potencial entendimento da RFB no sentido de que a aplicação do CPC 15, por gerar a apuração do *goodwil* para fins contábeis, significa a necessária aplicação das regras de alocação do custo de aquisição e, destarte, de todo o regime jurídico do ágio que será aqui adiante analisado.[157]

4.3.2. O Regime Jurídico do Ágio (Goodwill) e do Deságio (Ganho por Compra Vantajosa) de Acordo com a Lei nº 12.973/14 – Comentários Gerais

Como vimos, nos termos da legislação anterior à Lei nº 12.973/14, por ocasião da aquisição de investimento avaliados pelo MEP, a entidade adquirente deveria desdobrar o custo de aquisição em (i) valor de PL na época da aquisição do investimento e (ii) ágio ou deságio, que seria a diferença entre o custo de aquisição do investimento e o referido valor de PL.

De forma distinta, o regime jurídico introduzido pela Lei nº 12.973/14, que alterou o artigo 20 do Decreto-Lei nº 1.598/1977, passou a observar os mesmos parâmetros das regras contábeis vigentes a partir de 2008 e, assim, determinou uma ordem de alocação do custo de aquisição no momento em que determinada entidade adquirir investimentos em outras sociedades avaliadas pelo MEP.[158]

Destaque-se a importância da identificação do adquirente: a teor do já mencionado artigo 20 do Decreto-Lei nº 1.598/1977, este será o que efetivamente adquirir a titularidade das participações societárias objeto de negociações em determinada transação, por meio da transferência de recursos necessários para a sua aquisição, conforme as negociações havidas com o vendedor (contraprestação).

Observa-se, aqui, um potencial distanciamento entre as disposições legais e contábeis, já que, apesar de não ser a regra, nem sempre o adqui-

---

[157] Em que pese a relevância, não é objeto deste trabalho apresentar as vicissitudes relacionadas às potenciais discussões que podem surgir durante as negociações em uma transação que envolva a compra e venda de participações societárias. Tal tema é extremamente complexo e demanda, sem dúvidas, um estudo apartado.

[158] Art. 20. O contribuinte que avaliar investimento pelo valor de patrimônio líquido deverá, por ocasião da aquisição da participação, desdobrar o custo de aquisição em:

I – valor de patrimônio líquido na época da aquisição, determinado de acordo com o disposto no artigo 21; e

II – mais ou menos-valia, que corresponde à diferença entre o valor justo dos ativos líquidos da investida, na proporção da porcentagem da participação adquirida, e o valor de que trata o inciso I do caput; e

III – ágio por rentabilidade futura (goodwill), que corresponde à diferença entre o custo de aquisição do investimento e o somatório dos valores de que tratam os incisos I e II do caput.

rente para fins jurídicos é aquele que contabilmente será identificado como adquirente nos termos do CPC 15. Casos há em que, quando a transação se efetiva, por exemplo, mediante a entrega de títulos patrimoniais, denominada "aquisição reversa" pelo item B19 do CPC 15 (em uma incorporação de ações, por exemplo), a adquirida contábil é a adquirente para fins jurídicos.

Apesar de relevante, não teceremos maiores detalhes sobre tal operação, já que a conclusão jurídica é de que, ausentes os vícios de vontade nos negócios jurídicos praticados para efetivação da transação, por mais que o adquirente e o adquirido contábil sejam distintos do jurídico, o conceito de adquirente legal não será alterado, sendo aquele que adquiriu, mediante o pagamento de uma contraprestação, participações societárias de dada entidade.

Em relação à alocação prevista pela Lei, o aludido dispositivo passa a determinar o desdobramento do preço pago, na **data da respectiva aquisição**, em:

(i) **valor do patrimônio líquido**: calculado de acordo com o MEP, como já constava da redação original do dispositivo[159];

(ii) **mais ou menos-valia**: correspondente à diferença entre o valor justo[160] dos ativos (tangíveis e intangíveis) líquidos da sociedade adquirida e o seu valor patrimonial; e

(iii) *goodwill*: ágio por rentabilidade futura, ou *goodwill*, que correspondente à diferença positiva entre o custo de aquisição e o somatório da mais-valia e do valor patrimonial do investimento, relegando ao *goodwill* o mesmo *traço residual* que lhe confere as regras contábeis.

Antes de continuarmos, destaque-se que a mencionada **data de aquisição** é mais um ponto de potencial distanciamento entre o jurídico e o

---

[159] Vale notar que a Lei nº 12.973/14 manteve, com pequenas adequações, a redação do artigo 21 do Decreto-Lei nº 1.598/77 quanto ao procedimento a ser observado para a avaliação de investimentos pelo MEP. Contudo, as regras relacionadas ao tratamento fiscal da contrapartida de MEP no resultado foram reformuladas pelo novo regramento (artigos 24-A e 24-B inseridos no Decreto-Lei nº 1.598), especialmente no que concerne aos reflexos no patrimônio líquido da investida da avaliação a valor justo de seus ativos e passivos (caso em que o resultado de MEP deixa de receber, ao menos integralmente, o tratamento de neutralidade).

[160] Segundo o CPC 46, vaor justo é o "preço que seria recebido pela venda de um ativo ou que seria pago pela transferência de um passivo em uma transação não forçada entre participantes do mercado na data de mensuração."

contábil, nas hipóteses de contraprestação submetidas a evento futuro e incerto (as denominadas contraprestações contingentes), que terão os correspondentes efeitos fiscais a depender da natureza da condição. Tal tema será analisado à frente, no tópico 4.4.2.

Além disso, como introduzido linhas acima, eventual *impairment* realizado após a aludida **data de aquisição**, e antes dos eventos societários que permitem o aproveitamento do ágio, não reduzirá o valor a ser aproveitado para fins fiscais, na medida em que o *impairment* só se aplicará ao registro contábil do instituto. Ou seja: como o ágio a ser aproveitado para fins de apuração do IRPJ e da CSLL é aquele apurado conforme a legislação tributária, eventual alteração no seu registro contábil não impactará o aproveitamento fiscal.

Seguindo, anote-se que a feição residual do *goodwill* no novo regramento é ratificada pelo novo parágrafo 5º introduzido ao artigo 20 do Decreto-Lei nº 1.598/77, ao dispor, diferentemente do que constava na regra original, que a alocação de parcela do custo de aquisição para cada um dos "fundamentos econômicos" apresenta uma ordem de preferência que deve necessariamente ser observada. Veja-se:

[...]

§ 5º A aquisição de participação societária sujeita à avaliação pelo valor do patrimônio líquido exige o reconhecimento e a mensuração:

I – primeiramente, dos ativos identificáveis adquiridos e dos passivos assumidos a valor justo; e

II – posteriormente, do ágio por rentabilidade futura (*goodwill*) ou do ganho proveniente de compra vantajosa.

Isto é, o ágio corresponde efetivamente à parcela do custo de aquisição que não puder ser alocada aos ativos adquiridos e aos passivos assumidos. Como deixa claro Ramon Tomazela, o ágio está relacionado "à sinergia obtida com a exploração dos bens que compõem o patrimônio empresarial, tendo em vista que os ativos da empresa adquirida, explorados em conjunto, proporcionam um valor superior ao que seria obtido com cada bem individualmente."[161]

---

[161] SANTOS, Ramon Tomazela. **O regime jurídico do ágio de rentabilidade futura na lei n. 12.973/2014**, acesso em: https://www.marizadvogados.com.br/wp-content/uploads/2018/10/NArt.17-2018.pdf, 10/01/2019, às 10:00, p. 10.

FUSÕES E AQUISIÇÕES

Claramente inspirada pela Contabilidade padrão IFRS, a Lei nº 12.973/14 não alterou os critérios gerais relacionados ao reconhecimento pelo MEP[162], utilizados na legislação primitiva, mas incluiu a mais ou menos-valia e o *goodwill* no desdobramento do custo de aquisição. Conforme ensina Luís Eduardo Schoueri e Roberto Pereira:

> Após o novo marco legislativo, já não há mais espaço para atribuir ao ágio distintos fundamentos possíveis já que, a partir da data de vigência das alterações, o ágio corresponderá sempre à expectativa de rentabilidade futura (o chamado goodwill). No novo cenário legislativo, deve-se separar do sobrepreço pago o que corresponde a mais-valias do que corresponde ao ágio, este último residual.[163]

Dessa forma, pela nova sistemática, é necessário que o custo de aquisição seja desdobrado, com a alocação do excesso em relação ao valor patrimonial primeiramente com relação ao valor justo dos ativos líquidos identificáveis, inclusive intangíveis (a mais-valia) e, após isto, havendo saldo suficiente, este seria alocado ao *goodwill*. Tal desdobramento, que deve ser registrado em subcontas distintas[164], pode ser melhor visualizado conforme a seguinte ilustração:

---

[162] "(...) a Lei n. 12973 não alterou a espinha dorsal do MEP, inclusive tendo sido mantida a avaliação com base no valor patrimonial contábil da participação adquirida, e não em qualquer outro critério." OLIVEIRA, Ricardo Mariz de. **O TRATAMENTO DO ÁGIO E DO DESÁGIO PARA FINS TRIBUTÁRIOS E AS MODIFICAÇÕES DA LEI N. 12973 (comparações entre dois regimes)**. http://marizadvogados.com.br/_2017/wp-content/uploads/2018/02/NArt.06-2017.pdf, p. 16. Acesso em 01/09/2018, às 15:00.

[163] SCHOUERI, Luís Eduardo. PEREIRA, Roberto Codorniz Leite. A Figura do "Laudo" nas Operações Societárias com Ágio: do Retrato da Expectativa de Rentabilidade Futura para o Retrato do Valor Justo. In: MANEIRA, Eduardo; SANTIAGO, Igor Mauler (coords.). **O Ágio no Direito Tributário e Societário: Questões Atuais.** São Paulo: Quartier Latin, 2015, p. 188.

[164] Artigo 20 do Decreto-Lei nº 1.598/1977:

Art. 20. (...)

§ 1º Os valores de que tratam os incisos I a III do caput serão registrados em subcontas distintas.

Daí dizer-se que todo o ágio, nos termos da nova regra, terá como "fundamento"[165] a expectativa de rentabilidade futura, sendo que, agora, a "tônica está na identificação do valor justo dos bens do ativo"[166], uma vez que o ágio é a parcela residual, após a avaliação a valor justo dos ativos identificáveis da investida.

Adicionalmente, destaque-se que os critérios relacionados à alocação do custo de aquisição já estavam, de certa forma, incluídos na legislação anterior – no entanto, não havia a obrigação de observância da ordem de alocação, mas a determinação de qual teria sido o fundamento econômico que justificasse o pagamento do ágio: valor de mercado dos ativos (atual mais-valia) ou ágio por expectativa de rentabilidade futura (atual *goodwill*).

Com isso, diz-se que a nova legislação retirou o aspecto subjetivo relacionado à fundamentação econômica do ágio: é que, em sendo o *goodwill* a parcela residual do preço de aquisição após as devidas alocações previstas pela Lei, não há que se falar em "decisão" do adquirente em pagamento do ágio, mas em um critério objetivo fixado, "independentemente da cir-

---

[165] A utilização da expressão "fundamento" foi proposital – não há mais, na nova legislação, obrigação de fundamentar o ágio pago na aquisição de participações societárias, conforme será visto.
[166] SCHOUERI, Luís Eduardo. PEREIRA, Roberto Codorniz Leite. A Figura do "Laudo" nas Operações Societárias com Ágio: do Retrato da Expectativa de Rentabilidade Futura para o Retrato do Valor Justo. In: MANEIRA, Eduardo; SANTIAGO, Igor Mauler (coords.). **O Ágio no Direito Tributário e Societário: Questões Atuais.** São Paulo: Quartier Latin, 2015, p. 189.

cunstância de a mais-valia ter ou não motivado a decisão do contribuinte pelo pagamento do preço."[167] No mesmo sentido, Luís Eduardo Schoueri:

> Daí ser correta a conclusão de que, para fins de fundamentação do ágio em expectativa de rentabilidade futura, o laudo – ou "demonstrativo" – tornou-se absolutamente irrelevante, haja vista que a opção do legislador, neste novo cenário, foi por considerar que todo ágio sempre terá como fundamento a rentabilidade futura (goodwill).[168]

Houve, também, a exclusão do fundamento econômico que se refere a "outras razões econômicas", que, realmente, não apresentava relevância; ao contrário, apenas dava ao Fisco argumentos para a desconstituição das operações de fusões e aquisições que envolviam o pagamento de ágio.

Portanto, diz-se que o "ágio deixou de ser qualquer sobrevalor em relação ao valor patrimonial contábil, passando a ser "apenas o excesso do sobrevalor em relação a esta mais-valia"[169], merecendo destaque que a legislação brasileira manteve o estímulo para a aquisição de participações societárias ao prever, novamente, a possibilidade de exclusão de despesas com ágio da apuração do IRPJ/CSLL.

4.3.2.1. Âmbito de Aplicação do Regime da Lei nº 12.973/14

O ágio seguindo as disposições da Lei nº 12.973/14 é aplicável apenas na aquisição de investimentos avaliados pelo MEP, conforme dispõe o artigo 20 do Decreto-Lei nº 1.598/1977.

Como visto anteriormente, investimentos avaliados pelo MEP são aqueles investimentos em sociedades controladas ou coligadas (art. 248 da Lei das S/A), de modo que a aplicação do MEP e, via de consequência, da alocação do custo de aquisição conforme a Lei nº 12.973/14, se dará por oca-

---

[167] NOVAIS, Raquela. TONNANI, Fernando. Ágio – Novo Regime Jurídico e Questões Atuais. *In*: **Controvérsias jurídico-contábeis (aproximações e distanciamentos).** 5º volume. Coord. Roberto Quiroga Mosquera, Alexsandro Broedel Lopes. São Paulo: Dialética, 2014, pág. 345.

[168] SCHOUERI, Luís Eduardo. PEREIRA, Roberto Codorniz Leite. A Figura do "Laudo" nas Operações Societárias com Ágio: do Retrato da Expectativa de Rentabilidade Futura para o Retrato do Valor Justo. In: MANEIRA, Eduardo; SANTIAGO, Igor Mauler (coords.). **O Ágio no Direito Tributário e Societário: Questões Atuais.** São Paulo: Quartier Latin, 2015, p. 189.

[169] OLIVEIRA, Ricardo Mariz de. **O TRATAMENTO DO ÁGIO E DO DESÁGIO PARA FINS TRIBUTÁRIOS E AS MODIFICAÇÕES DA LEI N. 12973** (comparações entre dois regimes). http://marizadvogados.com.br/_2017/wp-content/uploads/2018/02/NArt.06-2017.pdf, p. 18. Acesso em 01/09/2018, às 15:00.

sião da aquisição de participações societárias em sociedades controladas ou coligadas.

Nesse sentido, como o âmbito de aplicação do regime ora analisado é justamente a aquisição de tais participações societárias, pode-se dizer que nem sempre a configuração de uma alienação de controle e configuração de uma combinação de negócios, nos termos do CPC 15, implicará na apuração do ágio para fins fiscais.

Inclusive, a análise do CPC 15 permite concluir que, por mais que seja menos usual, a alienação do controle pode se dar mediante outras formas jurídicas, como a compra e venda de ativos relevantes da entidade, com capacidade de geração de caixa, por exemplo (itens B5 a B12 do CPC 15) – conforme salientam Gustavo Haddad e Gustavo Paes, "situações há em que o controle de um negócio pode ser transferido, na acepção do CPC 15, por outras formas jurídicas, como a compra e venda de estabelecimento e a permuta de ativos operacionais."[170]

Nesses casos, o ágio apurado não estará sujeito à aplicação das regras previstas no artigo 20 do Decreto-Lei nº 1.598/1977 e do artigo 22 da Lei nº 12.973/14 (alocação do custo de aquisição e aproveitamento do ágio para fins fiscais, respectivamente), justamente por não representar a aquisição de participações societárias.

Inclusive, a potencial redução no valor do aludido ágio, inclusive por aplicação do teste de recuperabilidade (*impairment*), não deve produzir efeitos na apuração do lucro real, nos termos do artigo 28 da Lei nº 12.973/14 (regulamentado pelo artigo 194 da IN 1.700[171]):

> Art. 28. A contrapartida da redução do ágio por rentabilidade futura (goodwill), inclusive mediante redução ao valor recuperável, não será computada na determinação do lucro real.
>
> Parágrafo único. Quando a redução se referir ao valor de que trata o inciso III do art. 20 do Decreto-Lei nº 1.598, de 26 de dezembro de 1977, deve ser observado o disposto no art. 25 do mesmo Decreto-Lei.

---

[170] HADDAD, Gustavo Lian. PAES, Gustavo Duarte. O Ágio por Expectativa de Rentabilidade Futura na Lei 12.973 e o *Goodwill* na Combinação de Negócios – Aproximações e Distanciamentos. *In*: **Controvérsias Jurídico-Contábeis (Aproximações e Distanciamentos)**. Coord: Roberto Quiroga Mosquera, Alexsandro Broedel Lopes, v. 6. São Paulo: Dialética, 2015, p. 259.

[171] Art. 194. A contrapartida da redução do ágio por rentabilidade futura (goodwill), inclusive mediante redução ao valor recuperável, não será computada na determinação do lucro real e do resultado ajustado.

Em conclusão, como a Lei nº 12.973/14 é clara ao determinar que o regime do ágio se aplica na aquisição de *participações societárias*, entendemos que somente nessas hipóteses o regime jurídico de tal instituto deve ser aplicado.

4.3.3. Laudo de Avaliação e o Novo Critério de Alocação

No que se refere à comprovação da parcela do preço que exceder o valor patrimonial da participação adquirida, não havia, na legislação anterior, obrigação expressa para elaboração de documento específico, mas apenas de "demonstrativo", conforme visto no subtópico 3.1 deste livro. Nas palavras de Luís Eduardo Schoueri e Roberto Codorniz Pereira:

> (...) até o advento do novo marco legislativo, a 'demonstração' a que se referia a legislação anterior desempenhava uma importante função de reconhecimento do fundamento econômico (subjetivo) do ágio. Após a alteração legislativa, a 'demonstração' foi suprimida do ordenamento jurídico tendo sido substituída pelo 'laudo'.[172]

Adicionalmente, vimos também que tal demonstrativo previsto pela legislação trouxe diversos questionamentos fiscais, já que a RFB entendia pelo alargamento de sua utilização, demandando, muitas vezes, a elaboração de um verdadeiro "laudo de avaliação", que, apesar de exigido nas operações de combinação de negócios (para fins contábeis), juridicamente, um laudo de avaliação era desnecessário.

A Lei nº 12.973/14 trouxe inovações significativas. Com relação à forma por meio da qual o desdobramento do custo de aquisição será comprovado, permitindo os correspondentes aproveitamentos fiscais, a Lei nº 12.973/14 acrescentou o § 3º ao artigo 20 do DL nº 1.598/77[173], segundo o qual o laudo de avaliação deverá ser:

---

[172] SCHOUERI, Luís Eduardo. PEREIRA, Roberto Codorniz Leite. A Figura do "Laudo" nas Operações Societárias com Ágio: do Retrato da Expectativa de Rentabilidade Futura para o Retrato do Valor Justo. In: MANEIRA, Eduardo; SANTIAGO, Igor Mauler (coords.). **O Ágio no Direito Tributário e Societário: Questões Atuais.** São Paulo: Quartier Latin, 2015, p. 188.
[173] Art. 20.
(...)
§ 3º O valor de que trata o inciso II do caput deverá ser baseado em laudo elaborado por perito independente que deverá ser protocolado na Secretaria da Receita Federal do Brasil

TRATAMENTO DO ÁGIO APÓS A EDIÇÃO DA LEI Nº 12.973/14

(i) elaborado, obrigatoriamente, por perito independente; e

(ii) protocolado na Secretaria da RFB ou ter seu sumário registrado em Cartório de Registro de Títulos e Documentos até o 13º mês subsequente ao da aquisição da participação societária.

Nesse sentido, é importante ressaltar que, conforme determinação expressa trazida pela Lei nº 12.973/14, a não observância dessas condições formais ensejaria a impossibilidade de aproveitamento da dedutibilidade do *goodwill*, bem como da mais-valia, nos termos dos artigos 20 e 22 da Lei nº 12.973/14.[174]

Note-se que, no novo regramento, a obrigação de elaboração do laudo de avaliação não diz respeito, especificamente, ao *goodwill*, mas sim à mais ou menos-valia:

> A novidade interessante aqui é que (...) a avaliação do ágio por rentabilidade futura (*goodwill*), na qualidade de valor residual após avaliado o montante do valor justo dos ativos líquidos da investida, deixa de ser objeto de demonstração ou laudo; somente a mais-valia ou menos-valia dos ativos líquidos da empresa investida devem ser avaliados de forma detalhada, (...) que passa a ser condição para a própria dedutibilidade do *goodwill*.[175]

Ou seja, avalia-se a valor justo os ativos líquidos da investida (ativos adquiridos e passivos assumidos) e, havendo diferença a maior em relação

---

ou cujo sumário deverá ser registrado em Cartório de Registro de Títulos e Documentos, até o último dia útil do 13º (décimo terceiro) mês subsequente ao da aquisição da participação.

[174] Art. 20. (...)

§ 3º O contribuinte não poderá utilizar o disposto neste artigo, quando:

I – o laudo a que se refere o § 3º do art. 20 do Decreto-Lei nº 1.598, de 26 de dezembro de 1977, não for elaborado e tempestivamente protocolado ou registrado; ou

§ 4º O laudo de que trata o inciso I do § 3º será desconsiderado na hipótese em que os dados nele constantes apresentem comprovadamente vícios ou incorreções de caráter relevante.

Art. 22. (...)

§ 1º O contribuinte não poderá utilizar o disposto neste artigo, quando:

I – o laudo a que se refere o § 3º do art. 20 do Decreto-Lei nº 1.598, de 26 de dezembro de 1977, não for elaborado e tempestivamente protocolado ou registrado; (...)

§ 2º O laudo de que trata o inciso I do §1º será desconsiderado na hipótese em que os dados nele constantes apresentem comprovadamente vícios ou incorreções de caráter relevante.

[175] NOVAIS, Raquela. TONNANI, Fernando. Ágio – Novo Regime Jurídico e Questões Atuais. *In*: **Controvérsias jurídico-contábeis (aproximações e distanciamentos). 5º** volume. Coord. Roberto Quiroga Mosquera, Alexsandro Broedel Lopes. São Paulo: Dialética, 2014, pág. 347.

ao preço de aquisição, esta diferença (identificada de forma apenas residual pelo laudo) é automaticamente alocada ao *goodwill*, sem a necessidade de um novo laudo para este fim.

Por isso, vê-se na prática que os laudos de avaliação não trazem o valor do *goodwill*, mas sim os valores justos dos ativos adquiridos e dos passivos assumidos, bem como o valor do PL da sociedade adquirida, na medida em que o ágio possui o caráter residual e sua conta resulta do simples cálculo já visto anteriormente.

Ainda, os artigos 20 e 22 da Lei nº 12.973/14 determinam que caso os valores de mais-valia e *goodwill* não possam ser identificados, em decorrência da não observância dos critérios determinados para a elaboração do laudo de avaliação, bem como na hipótese de os dados apresentarem "vícios ou incorreções de caráter relevante", o contribuinte não poderá se valer do tratamento fiscal correspondente, que será apresentado no subtópico seguinte. Com efeito:

> O laudo tem como função, no presente momento, "separar o joio do trigo"; cabe ao laudo dizer qual é a parcela do sobrepreço pago pela aquisição da participação societária que corresponde à mais-valia de bens do ativo e, indiretamente, aquela que corresponde ao ágio, se ainda houver algum valor remanescente após a mensuração desta mais-valia. Portanto, o laudo presta-se, neste novo regime, a mensurar o exato valor correspondente ao ágio, função que não se encontrava presente na sistemática legal que caracterizou o primeiro momento.[176]

É importante destacar a importância da novidade introduzida pela nova legislação: na medida em que exige-se um laudo de avaliação para a comprovação dos aludidos critérios, a Lei nº 12.973/14 conferiu segurança jurídica ao contribuinte que elaborar o laudo de acordo com critérios de avaliação que efetivamente capturem o valor justo dos ativos identificáveis da investida, além de "evitar manipulações do valor do ágio por rentabilidade futura que é apurado com base na diferença entre o valor do patri-

---

[176] SCHOUERI, Luís Eduardo. PEREIRA, Roberto Codorniz Leite. A Figura do "Laudo" nas Operações Societárias com Ágio: do Retrato da Expectativa de Rentabilidade Futura para o Retrato do Valor Justo. In: MANEIRA, Eduardo; SANTIAGO, Igor Mauler (coords.). **O Ágio no Direito Tributário e Societário: Questões Atuais.** São Paulo: Quartier Latin, 2015, p. 189.

mônio avaliado pelo valor justo e o valor transferido ou pago pela aquisição do investimento."[177]

O aludido laudo, que será elaborado por um auditor independente, é denominado de laudo de alocação do preço de aquisição, ou *purchase price allocation* (PPA), que alocará, necessariamente, o custo de aquisição entre os critérios determinados pela legislação (que, por sua vez, se inspirou nas regras previstas no CPC 15).

Não há modelos preestabelecidos para confecção do PPA na legislação tributária, sendo relevante que as informações constantes sejam aquelas que permitam identificar os valores justos dos ativos adquiridos e dos passivos assumidos, bem como os critérios de metodologia utilizados e bem fundamentos para cálculo dos valores justos em questão.

Ademais, como o §7º do artigo 20 do Decreto-Lei nº 1.598/1977[178] confere à RFB estabelecer "formas alternativas de registro e de apresentação do laudo", é importante analisar o que tem considerado as autoridades fiscais no tocante a essa matéria.

Com efeito, nos termos do artigo 178 da Instrução Normativa nº 1.700, de 14 de março de 2017, o adquirente pode optar por (i) protocolar o inteiro teor do laudo na Secretaria da RFB por meio de processo eletrônico, informando o respectivo processo eletrônico no primeiro Livro Elêtronico de Apuração do Lucro Real, a ser entregue depois de transcorrido o prazo para protocolo do laudo, ou (ii) registrar o sumário do laudo no Cartório de Registro de Títulos e Documentos. Caso a adquirente opte por registrar o sumário do aludido laudo, o § 7º daquele dispositivo esclarece que este deve conter, no mínimo, as seguintes informações:

- qualificação da adquirente, alienante e adquirida;
- data da aquisição;
- percentual adquirido do capital votante e do capital total;
- principais motivos e descrição da transação, incluindo potenciais direitos de voto;
- discriminação e valor justo dos itens que compõem a contraprestação total transferida;

---

[177] ANDRADE FILHO, Edmar Oliveira. **Imposto de renda das empresas.** 12ª Edição. São Paulo: Atlas, 2016, p. 731.

[178] Art. 20. (...)

§ 7º A Secretaria da Receita Federal do Brasil disciplinará o disposto neste artigo, podendo estabelecer formas alternativas de registro e de apresentação do laudo previsto no § 3º.

- relação individualizada dos ativos identificáveis adquiridos e dos passivos assumidos com os respectivos valores contábeis e valores justos; e
- identificação e assinatura do perito independente e do responsável pelo adquirente.

Por sua vez, assim como previsto pela Lei nº 12.973/14, o §8º do citado artigo 178 prescreve que o não atendimento de quaisquer das suas disposições implica o não aproveitamento da mais-valia e do *goodwill*.

Observa-se, dessa forma, que a legislação não exige ou prevê modelos de avaliação a serem adotados por ocasião da aquisição das participações societárias. Na verdade, o que a legislação exige – garantindo segurança jurídica – é que o aludido laudo seja elaborado por perito independente, que poderá, dadas as incumbências e obrigações relacionadas à sua atividade, avaliar a entidade de acordo com os critérios subjetivos que entender aplicáveis.

A segurança jurídica existe pelo fato de que o valor do *goodwill*, a ser deduzido na apuração do lucro real, é efetivamente o sobrepreço em relação ao PL + valor justo dos ativos identificáveis adquiridos e passivos assumidos da entidade investida, sendo que tais valores, por estarem devidamente demonstrados em um laudo de avaliação elaborado por um *expert* contábil, que avaliará e atribuirá um valor "justo" aos aludidos ativos, garantem que a apuração do *goodwill* está de acordo com as determinações legais e são passíveis de aproveitamento fiscal. A ilustração a seguir permite visualizar como se dá a alocação do custo de aquisição em um PPA:

Alocação do Preço de Compra (100%)	R$ (mil)
Preço de compra	10.000.000
(-) Patrimônio líquido	-500.000
(-) Mais valia de ativos	-1.000.000
(-) Ativos intangíveis	-1.000.000
Resultado Parcial do PPA (parcela não alocada)	7.500.000
Goodwill	7.500.000

Nesse tocante, inclusive, como as atividades dos avaliadores tem uma carga extrema de subjetividade, "Nada impede que a sociedade adquirente atribua um valor justo diferente do já registrado pela investida".[179]

Por fim, destaque-se que a Lei ainda confere a possibilidade de o Fisco desconsiderar o laudo quando este apresentar "comprovadamente vícios ou incorreções de caráter relevante"[180]. Note que não houve especificação, por parte da aludida Lei, sobre o que seriam considerados vícios ou incorreções de caráter relevante que permitiriam tal desconsideração (e, consequentemente, à atribuição do valor justo aos ativos identificáveis adquiridos da investida).

O conceito extremamente aberto trazido pela legislação dá abertura para questionamento, por parte do Fisco, acerca do conteúdo dos laudos de avaliação, que poderia alegar a existência dos "vícios" ou "incorreções" simplesmente para negar o valor justo do patrimônio da investida e, consequentemente, do valor do ágio alocado para fins fiscais.

Neste ponto, dúvidas poderiam surgir acerca dos ativos não contabilizados (especialmente no caso de intangíveis) e que, no entendimento do Fisco, deveriam ser reconhecidos no momento da aquisição, ou ainda em relação aos critérios subjetivos utilizados para avaliação dos aludidos ativos – até porque o "valor justo" não é efetivamente um valor existente, e sim uma expectativa que o contador possui acerca do valor que o mercado pagaria por aquele ativo.

Destaque-se, como bem observou Ramon Tomazela, que o contador adota um "subjetivismo responsável"[181], dado que a ciência contábil não é objetiva, uma vez que o processo de reconhecimento e mensuração de um ativo ou passivo passa, de fato, por um ato de interpretação por parte do contador.

---

[179] As discussões do valor justo são de extrema relevância para o Direito Tributário e Contábil, até porque o valor do goodwill depende do valor justo atribuído aos ativos identificáveis da investida. Não obstante, considerando o objeto deste livro, não nos cabe analisar todas as vicissitudes relacionadas ao valor justo – tal incumbência cabe, na verdade, a um trabalho exclusivamente dedicado a tal tema.

[180] "Art. 22 (...)

§2º O laudo de que trata o inciso I do §1º será desconsiderado na hipótese em que os dados neles constantes apresentem comprovadamente vícios ou incorreções de caráter relevante."

[181] SANTOS, Ramon Tomazela. **O regime jurídico do ágio de rentabilidade futura na lei n. 12.973/2014**, p. 29. Acesso em: https://www.marizadvogados.com.br/wp-content/uploads/2018/10/NArt.17-2018.pdf, 10/01/2019, às 10:00.

O Autor em comento ainda menciona que a ideia de "subjetivismo responsável" não é um cheque em branco ao contador, não devendo "ser confundida com uma autorização para que o contador adote aleatoriamente o critério contábil que entender conveniente, sem qualquer racionalidade ou justificativa adequada para o reconhecimento de ativos."[182]

Realmente, a contabilidade está longe de ser uma ciência exata, havendo critérios objetivos fixados pelas normas contábeis que reduzem o espectro das percepções pessoais, devendo o laudos de avaliação terem bem fixadas as premissas ligadas (i) ao reconhecimento de ativos (especialmente os intangíveis) e (ii) ao procedimento para mensuração do valor justo dos ativos, que devem estar baseados em critérios técnicos previstos nas normas contábeis, evitando-se, assim, questionamentos desnecessários por parte do Fisco.

Voltando à possibilidade de desconsideração do laudo de avaliação, note que nem a Lei nem a IN 1.700 definiram o que seriam as patologias que permitem ao Fisco desconsiderar um laudo de avaliação. Sobre este tema, a doutrina pouco se posicionou e não há decisões do CARF ou do Poder Judiciário sobre o tema, mas Ramon Tomazela foi preciso:

> (...) em termos gerais, pode-se dizer que o *vício* constitui um defeito ou uma imperfeição grave cometida na confecção do laudo técnico, que o torne escuso, suspeito ou inconfiável para a finalidade a que se destina. O *vício* está diretamente relacionado a manifestações, declarações ou informações inidôneas ou desprovidas de boa-fé, que comprometem a qualidade do laudo técnico. No entanto, a *incorreção* mantém relação mais estreita com a violação de regras técnicas formais ou materiais. Assim, o conceito de incorreção está mais diretamente relacionado à inobservância de critérios técnico-contábeis adequados, à imperícia do profissional responsável pela avaliação, bem como às inexatidões materiais eventualmente cometidas na manipulação das informações.

Isso significa que as autoridades fiscais não podem realizar juízos de valor em relação aos critérios contábeis utilizados pelos peritos – especialmente se estes foram devidamente sustentados nos respectivos lau-

---

[182] SANTOS, Ramon Tomazela. **O regime jurídico do ágio de rentabilidade futura na lei n. 12.973/2014**, p. 29. Acesso em: https://www.marizadvogados.com.br/wp-content/uploads/2018/10/NArt.17-2018.pdf, 10/01/2019, às 10:00.

dos de avaliação –, mas apenas se valer, por meio de prova, dos critérios previstos na Lei.

O CARF já julgou, sob a égide da legislação passada, caso (Acórdão n. 1401-00.584, de 29/06/2011) em que o laudo que fundamentava a rentabilidade futura estava eivado de vícios em função de considerar informações contábeis não auditadas. Por conta disso, é relevante a cautela em relação às ressalvas utilizadas pelos auditores independentes no momento de confecção do laudo de avaliação, naturalmente porque tais informações podem vir a ser utilizadas pelas autoridades fiscais em eventual fiscalização.[183]

Mais recentemente, por ocasião do julgamento do Acórdão 1302-002.112, de 16/05/2017, o CARF considerou não caber ao Fisco questionar a qualidade do laudo de avaliação, nem os critérios e metodologias utilizadas para cálculo da rentabilidade futura:

> ÁGIO NA AQUISIÇÃO DE PARTICIPAÇÃO SOCIETÁRIA. ALEGADA IMPRESTABILIDADE DO LAUDO DE AVALIAÇÃO. DEDUTIBILIDADE DA AMORTIZAÇÃO DO ÁGIO. Para fins de glosa da despesa com amortização de ágio, compete à fiscalização tributária comprovar que o fundamento para o pagamento do referido ágio é outro que não a expectativa de rentabilidade futura. No entanto, não cabe à Fiscalização presumir que o fundamento para o pagamento do ágio não é a expectativa de rentabilidade futura, mediante questionamentos acerca da qualidade do Laudo de Avaliação, consubstanciados em dúvidas relativas à competência técnica do autor do Laudo de Avaliação, e em relação aos critérios utilizados e à metodologia adotada pelo avaliador.

Por mais que o caso discutisse, especificamente, hipótese em que as autoridades fiscais pretendiam, por meio de acusação do laudo de avaliação, demonstrar que o fundamento econômico eleito (expectativa de rentabilidade futura) não seria o adequado ao caso concreto, trata-se de importante precedente que, ao menos, confere mínimas balizas futuras para a avaliação dos "vícios" ou "incorreções" que, a meu ver, tendem a ser levantadas pelo Fisco para desconsideração do ágio.[184]

---

[183] SANTOS, Ramon Tomazela. **O regime jurídico do ágio de rentabilidade futura na lei n. 12.973/2014**, p. 31. Acesso em: https://www.marizadvogados.com.br/wp-content/uploads/2018/10/NArt.17-2018.pdf, 10/01/2019, às 10:00.

[184] Situações similares foram julgadas pelo CARF, como o Acórdão 1402-001/925, de 03/03/2015.

Em conclusão, nota-se que o laudo de avaliação ganhou importância muito significativa a partir da vigência da Lei nº 12.973/14, sendo que o tratamento fiscal, para as operações governadas pelos novos dispositivos, passa a depender do cumprimento não só da nova ordem de alocação, mas também das formalidades introduzidas pelas novas regras.

4.3.4. Apuração e Tratamento Fiscal da Mais ou Menos-valia e do Goodwill ou Ganho por Compra Vantajosa

Serão expostas a seguir as considerações no que diz respeito à apuração e correspondente tratamento fiscal da mais / menos-valia e do *goodwill* / ganho por compra vantajosa.

4.3.4.1. Mais-valia e Menos-valia

Como visto, por ocasião da aquisição de participações societárias em que haja a obrigação de avaliação pelo MEP, o adquirente deve desdobrar o custo de aquisição em determinadas parcelas, que compreendem também a mais-valia ou menos-valia, na **data da aquisição** do aludido investimento.

Tais parcelas surgirão a partir do momento em que os ativos identificáveis adquiridos (o que inclui intangíveis identificáveis – objeto de análise específica mais à frente)[185] e os passivos assumidos da controlada ou coligada forem avaliados a valor justo, sendo a mais ou menos-valia a parcela correspondente à diferença positiva entre o valor contábil de tais bens e o correspondente valor justo na proporção da porcentagem da participação adquirida, indicando que o PL da investida é inferior ao valor justo dos elementos patrimoniais contabilizados.

No que diz respeito aos ativos e passivos que devem ser reconhecidos, é importante observar que o laudo deve reconhecer e mensurar, a valor justo, os ativos identificáveis, que alcança não apenas os ativos contabilizados pela sociedade investida, mas também determinados ativos não registrados contabilmente (*off-balance sheet*)[186], como intangíveis desenvolvidos internamente (marcas).

---

[185] Neste ponto, importante ressaltar que os ativos intangíveis, assim reconhecidos pela contabilidade (CPC 04), também compõem a relação de ativos que devem ser avaliados a valor justo para fins de cálculo da mais valia (e, consequentemente, do goodwill).

[186] SANTOS, Ramon Tomazela. **O regime jurídico do ágio de rentabilidade futura na lei n. 12.973/2014**, p. 9. Acesso em: https://www.marizadvogados.com.br/wp-content/uploads/2018/10/NArt.17-2018.pdf, 10/01/2019, às 10:00.

Importante destacar que a apuração de mais-valia significa que os ativos líquidos identificáveis podem gerar "benefícios econômicos e financeiros superiores aos reconhecidos no Balanço da sociedade investidora, e, por isso, a mais-valia é um indicativo de lucros potenciais atrelados a esses ativos líquidos (...)."[187]

Assim como previsto na legislação antiga, são necessários os eventos de incorporação, fusão ou cisão para que os saldos de mais ou menos-valia produzam os correspondentes efeitos fiscais, mas enquanto tais eventos não ocorram, eventuais mudanças nos valores desses ativos devem ser assim reconhecidas – do denominado AVJ Reflexo.

Nesse sentido, o artigo 24-A do Decreto-Lei nº 1.598/1977, alterado pela Lei nº 12.973/14, dispõe que, na investidora, o valor correspondente à contrapartida do ajuste positivo[188] decorrente da avaliação pelo valor justo de ativo ou passivo da investida deverá ser compensada pela baixa do respectivo saldo de mais-valia, baixas essas que serão reconhecidas quando do reconhecimento do resultado de MEP a ser afetado pela correspondente realização econômica / contábil dos ativos e passivos existentes no balanço da investida quando da aquisição da participação societária.[189] Assim também dispõe o artigo 114 da IN 1.700:

> Art. 114. A contrapartida do ajuste positivo, na participação societária, mensurada pelo patrimônio líquido, decorrente da avaliação pelo valor justo de ativo ou passivo da investida, deverá ser compensada pela baixa do respectivo saldo da mais-valia de que trata o inciso II do caput do art. 178.

O exemplo dado por Edmar Oliveira Andrade Filho deixa claro tal ponto:

> Assim, por exemplo, a parcela da mais-valia correspondente aos estoques da sociedade investida será considerada realizada com a venda dos bens. Esse

---

[187] ANDRADE FILHO, Edmar Oliveira. **Imposto de renda das empresas.** 12ª Edição. São Paulo: Atlas, 2016, p. 729.

[188] O que, segundo o artigo 24-B do Decreto-Lei nº 1.598/1977, é aplicável à menos-valia no que diz respeito ao ajuste negativo. Art. 24-B. A contrapartida do ajuste negativo na participação societária, mensurada pelo patrimônio líquido, decorrente da avaliação pelo valor justo de ativo ou passivo da investida, deverá ser compensada pela baixa do respectivo saldo da menos-valia de que trata o inciso II do **caput** do art. 20.

[189] No mesmo sentido, ANDRADE FILHO, Edmar Oliveira. **Imposto de renda das empresas**. 12ª Edição. São Paulo: Atlas, 2016, p. 729.

FUSÕES E AQUISIÇÕES

fato determina uma mutação patrimonial na investidora que deverá fazer a baixa do valor constante do seu ativo já que o lucro está embutido no resultado da equivalência patrimonial.

Para os bens sujeitos a depreciação, amortização ou exaustão, a realização ocorre quando estes fatos contábeis forem reconhecidos nos registros contábeis da sociedade investida ou quando forem alienados ou liquidados.[190]

Seguindo-se, por ocasião da absorção do patrimônio da investida, a mais valia deve ser incorporada ao custo do bem ou direito para fins de amortização, depreciação ou exaustão, bem como poderá integrar a apuração de ganho ou perda de capital[191], nos termos do artigo 20 da Lei nº 12.973/14:

> Art. 20. Nos casos de incorporação, fusão ou cisão, o saldo existente na contabilidade, na data da aquisição da participação societária, referente à mais-valia de que trata o caput do art. 20 do Decreto-Lei nº 1.598, de 26 de dezembro de 1977, decorrente da aquisição de participação societária entre partes não dependentes, poderá ser considerado como integrante do custo do bem ou direito que lhe deu causa, para efeito de determinação de ganho ou perda de capital e do cômputo da depreciação, amortização ou exaustão.
>
> § 1º Se o bem ou direito que deu causa ao valor de que trata o caput não houver sido transferido, na hipótese de cisão, para o patrimônio da sucessora, esta poderá, para efeitos de apuração do lucro real, deduzir a referida importância em quotas fixas mensais e no prazo mínimo de 5 (cinco) anos contados da data do evento.

Adicionalmente, como a mais-valia abrange também os ativos intangíveis identificáveis, a adição ao custo de aquisição passa a ser admitida, para fins fiscais, inclusive para esta categoria de ativos, podendo gerar uma amortização dedutível para fins fiscais (quando houver prazo de vida útil

---

[190] No mesmo sentido, ANDRADE FILHO, Edmar Oliveira. **Imposto de renda das empresas**. 12ª Edição. São Paulo: Atlas, 2016, p. 730.

[191] Nos termos do artigo 33 do Decreto Lei nº 1.598/1977:
Art. 33. O valor contábil, para efeito de determinar o ganho ou perda de capital na alienação ou liquidação do investimento avaliado pelo valor de patrimônio líquido (art. 20), será a soma algébrica dos seguintes valores:
I – valor de patrimônio líquido pelo qual o investimento estiver registrado na contabilidade do contribuinte;
II – de que tratam os incisos II e III do caput do art. 20, ainda que tenham sido realizados na escrituração comercial do contribuinte, conforme previsto no art. 25 deste Decreto-Lei (...)

definido e o intangível for amortizado contabilmente), o que será melhor abordado no tópico 4.4.4.

Em suma, a mais-valia de ativos pode ser aproveitada pelos contribuintes nas seguintes hipóteses: (i) depreciação, amortização ou exaustão do ativo correspondente após o evento societário para aproveitamento das parcelas; (ii) apuração de ganho ou perda de capital anteriormente ou após os eventos societários em questão.

Em relação à menos-valia, tal parcela é exatamente o contrário da mais-valia (isto é, o valor contábil é superior ao valor justo do respectivo ativo), aplicando-se a mesma lógica acima estudada: a menos-valia poderá ser considerada como integrante do custo do bem ou direito que lhe deu causa, para efeito de determinação de ganho ou perda de capital e do cômputo da depreciação, amortização ou exaustão.

Por fim, destaque-se, como visto no tópico anterior, que a não elaboração do laudo de avaliação e sua apresentação, em até 13 meses da data da aquisição, implica na impossibilidade de alocação do custo de aquisição em mais ou menos-valia (e, subsequentemente, *goodwill*), gerando, por consequência, impossibilidade de produção dos efeitos acima destacados.

4.3.4.2. Goodwill

Como visto, o *goodwill* é a parcela residual do preço na **data da aquisição** do investimento, após a correspondente alocação do aludido preço em (i) valor de PL e (ii) avaliação dos ativos identificáveis adquiridos e passivos assumidos da investida.

Nesse ponto, importante reforçar que o *goodwill* **não** pode ser apurado quando a transação foi realizada entre partes relacionadas – tema que será melhor abordado em tópicos específicos.

Adicionalmente, destaque-se que, quando o adquirente não cumprir as exigências relacionadas à confecção do laudo de avaliação nos termos da nova legislação, ou quando não observar as disposições relacionadas à identificação do saldo do *goodwill* em subcontas distintas, o ágio não poderá ser aproveitado para fins fiscais.

Assim é que, em sendo uma aquisição realizada pela Sociedade A por 1.000.000, em que o valor de PL da Sociedade B seja R$ 100.000 e o valor justo dos ativos identificáveis e dos passivos assumidos corresponder a R$ 300.000, o saldo de ágio por expectativa de rentabilidade futura (*goodwill*) passível de aproveitamento fiscal corresponderá a 600.000:

Sociedade A - Balanço Patrimonial após a aquisição	
Ativo	**Passivo**
Investimento sociedade 1.000.000	
PL - Sociedade B 100.000	**Patrimônio líquido**
Mais-valia 300.000	Capital social 1.000.000
Goodwill 600.000	

Tal valor é dedutível na apuração do lucro real no momento em que houver a incorporação, fusão ou cisão, com a finalidade de congregar os patrimônios da investidora e da investida, que, nos termos do artigo 22 da Lei nº 12.973/14[192], poderá se dar à razão máxima de 1/60 (um sessenta avos) para cada mês do período de apuração:

> Art. 22. A pessoa jurídica que absorver patrimônio de outra, em virtude de incorporação, fusão ou cisão, na qual detinha participação societária adquirida com ágio por rentabilidade futura (goodwill) decorrente da aquisição de participação societária entre partes não dependentes, apurado segundo o disposto no inciso III do caput do art. 20 do Decreto-Lei nº 1.598, de 26 de dezembro de 1977, poderá excluir para fins de apuração do lucro real dos períodos de apuração subsequentes o saldo do referido ágio existente na contabilidade na **data da aquisição** da participação societária, à razão de 1/60 (um sessenta avos), no máximo, para cada mês do período de apuração. (grifo nosso)

No que diz respeito ao prazo para aproveitamento fiscal do *goodwill*, importante mencionar a Solução de Consulta COSIT n. 223, de 26.06.2019, que dispõe que o prazo para amortização não pode ser inferior aos 60 meses previstos na legislação. Ainda segundo o entendimento das autoridades fiscais, o prazo em questão pode ser superior aos 60 meses, devendo

---

[192] Art. 22. A pessoa jurídica que absorver patrimônio de outra, em virtude de incorporação, fusão ou cisão, na qual detinha participação societária adquirida com ágio por rentabilidade futura (goodwill) decorrente da aquisição de participação societária entre partes não dependentes, apurado segundo o disposto no inciso III do caput do art. 20 do Decreto-Lei nº 1.598, de 26 de dezembro de 1977, poderá excluir para fins de apuração do lucro real dos períodos de apuração subsequentes o saldo do referido ágio existente na contabilidade na data da aquisição da participação societária, à razão de 1/60 (um sessenta avos), no máximo, para cada mês do período de apuração.

ser fixado no primeiro período de apuração e observado até o final do aproveitamento do *goodwill*, sem interrupções.

Concordamos com as autoridades fiscais, uma vez que a legislação expressamente não admite um prazo inferior aos 60 meses, mas deixa aberta a escolha aos contribuintes caso esse período seja superior, desde que haja fundamentação para tanto.

Destaque-se, como visto, que a dedutibilidade do *goodwill* na apuração do lucro real deve ocorrer após o respectivo evento societário em virtude de as despesas associadas ao investimento serem deduzidas a partir do momento em que tal investimento apresentar os lucros relacionados à rentabilidade futura pretendida no momento de sua aquisição, conforme discutido no tópico 3.2.2.4. Utilizando os dados do exemplo acima, o balanço patrimonial da Sociedade A passaria a ser:

Sociedade A - Balanço Patrimonial após a incorporação			
Ativo		**Passivo**	
Ativos adquiridos a valor justo	400.000		
Ativo fiscal diferido (*goodwill*)	204.000	**Patrimônio líquido**	
		Capital social	1.000.000
		Diferença *goodwill* -	396.000

No exemplo acima, ocorreu o seguinte:

- O PL da investida, registrado por ocasião da aquisição, refletiu no valor dos ativos adquiridos, que, com a soma dos valores justos correspondentes, totalizou 400.000;
- Registro do *goodwill* (passível de aproveitamento fiscal a partir deste momento) como ativo fiscal diferido – aplicação da alíquota de IRPJ/CSLL sobre o valor do *goodwill*, totalizando um ativo fiscal diferido de 204.000;
- A diferença entre o ativo fiscal diferido registrado e o valor do *goodwill* apurado por ocasião do PPA foi lançado em conta redutora de PL.[193]

---

[193] Há discussão sobre o registro do *goodwill* após a incorporação: se seria em conta de ativo fiscal diferido, com contrapartida em conta redutora de PL, ou se os valores deveriam ser registrados exclusivamente no LALUR.

Neste exemplo, a apuração do IRPJ/CSLL ao final do respectivo período de apuração pode ser assim visualizada:

Sociedade A - Apuração anual do IRPJ/CSLL	
Lucro líquido	1.000.000
Adições	-
Exclusões	
Goodwill -	120.000
Despesas de depreciação -	80.000
Compensação de prejuízos	-
Lucro real e Resultado ajustado	880.000
IRPJ/CSLL (34%)	**299.200**

Ainda, observe que o ganho por compra vantajosa é apurado nas hipóteses em que o adquirente paga um preço inferior ao valor de PL da sociedade investida, de modo que a diferença entre tais valores deve ser adicionada na apuração do lucro real e da base de cálculo da CSLL, nos termos do artigo 23 da Lei nº 12.973/14:

> Subseção IV
> Ganho por Compra Vantajosa
> Art. 23. A pessoa jurídica que absorver patrimônio de outra, em virtude de incorporação, fusão ou cisão, na qual detinha participação societária adquirida com ganho proveniente de compra vantajosa, conforme definido nº § 6º do art. 20 do Decreto-Lei nº 1.598, de 26 de dezembro de 1977, deverá computar o referido ganho na determinação do lucro real dos períodos de apuração subsequentes à data do evento, à razão de 1/60 (um sessenta avos), no mínimo, para cada mês do período de apuração.

Portanto, o *goodwill*, parcela **residual**, é verificado apenas ao final, após a alocação do custo de aquisição entre PL e mais valia de ativos (que, como visto, será integrada ao custo do bem correspondente), para ser amortizada para fins fiscais após os respectivos eventos de incorporação, fusão ou cisão, conforme visto anteriormente, permitindo uma economia fiscal de 34% sobre o *goodwill* apurado (no exemplo, aproveitamento de 34% sobre R$ 7.500.000.000,00).

Por fim, observe-se que os valores atinentes à mais-valia e ao *goodwill* passíveis de aproveitamento para fins fiscais são aqueles apurados na **data da aquisição** do investimento nas participações societárias da investida – nesse tocante, valores anteriores ou posteriores ao aludido marco temporal não devem ser considerados para fins do correspondente aproveitamento fiscal de tais parcelas.

4.3.4.3. Aquisição de Participação Societária em Estágios

Conforme se observa da análise do CPC 15, a aquisição de participações societárias em estágios se dá quando uma investidora, por meio da aquisição de participações societárias subsequentes em uma mesma sociedade, por meio de negócios jurídicos distintos, torna-se controladora da investida em questão.

O artigo 37 da Lei nº 12.973/14[194] (regulamentado pelo artigo 183 da IN nº 1.700/2017) regula o tratamento da mais ou menos valia e dos corres-

---

[194] Seção XVI

Aquisição de Participação Societária em Estágios

Art. 37. No caso de aquisição de controle de outra empresa na qual se detinha participação societária anterior, o contribuinte deve observar as seguintes disposições: (Vigência)

I – o ganho decorrente de avaliação da participação societária anterior com base no valor justo, apurado na data da aquisição, poderá ser diferido, sendo reconhecido para fins de apuração do lucro real por ocasião da alienação ou baixa do investimento;

II – a perda relacionada à avaliação da participação societária anterior com base no valor justo, apurada na data da aquisição, poderá ser considerada na apuração do lucro real somente por ocasião da alienação ou baixa do investimento; e

III – o ganho decorrente do excesso do valor justo dos ativos líquidos da investida, na proporção da participação anterior, em relação ao valor dessa participação avaliada a valor justo, também poderá ser diferido, sendo reconhecido para fins de apuração do lucro real por ocasião da alienação ou baixa do investimento.

§ 1º Para fins do disposto neste artigo, a pessoa jurídica deverá manter controle dos valores de que tratam o caput no livro de que trata o inciso I do caput do art. 8o do Decreto-Lei no 1.598, de 26 de dezembro de 1977, que serão baixados quando do cômputo do ganho ou perda na apuração do lucro real.

§ 2º Os valores apurados em decorrência da operação, relativos à participação societária anterior, que tenham a mesma natureza das parcelas discriminadas nos incisos II e III do caput do art. 20 do Decreto-Lei no 1.598, de 26 de dezembro de 1977, sujeitam-se ao mesmo disciplinamento tributário dado a essas parcelas.

§ 3º Deverão ser contabilizadas em subcontas distintas:

I – a mais ou menos-valia e o ágio por rentabilidade futura (goodwill) relativos à participação societária anterior, existente antes da aquisição do controle; e

II – as variações nos valores a que se refere o inciso I, em decorrência da aquisição do controle.

FUSÕES E AQUISIÇÕES

pondentes controles em subcontas distintas decorrentes do ajuste a valor justo da aquisição originária (artigo 37, §3º, inciso II).

Porém, nada fala o artigo 37 em relação ao desdobramento do custo de aquisição – neste caso, tal omissão deve ser suprida pela regra geral do artigo 20 do Decreto-Lei nº 1.598/1977, "pelo qual as aquisições subsequentes e que levam ao controle deverão ocasionar o desdobramento do correspondente custo de aquisição, inclusive com registro de ágio se for o caso."[195]

Portanto, por ocasião da aquisição de participações societárias em etapas, a investidora deverá, sempre que adquirir as respectivas participações societárias no capital social da investida, desdobrar o custo de aquisição conforme a regra geral estudada linhas atrás.

4.3.5. Restrição Legal ao Ágio Interno pela Lei nº 12.973/14

Importante alteração da legislação, visando a conferir segurança jurídica ao contribuinte, foi a de vedar o aproveitamento fiscal do *goodwill* nas operações entre partes relacionadas, impossibilitando a apuração do "ágio interno". Realmente, como visto, sendo este um dos temas de maior discussão administrativa, não poderia o legislador simplesmente "fechar os olhos" à existência do problema. Vejamos o que diz a lei:

> Art. 22. A pessoa jurídica que absorver patrimônio de outra, em virtude de incorporação, fusão ou cisão, na qual detinha participação societária adquirida com ágio por rentabilidade futura (goodwill) **decorrente da aquisição de participação societária entre partes não dependentes**, apurado segundo o disposto no inciso III do caput do art. 20 do Decreto-Lei nº 1.598, de 26 de dezembro de 1977, poderá excluir para fins de apuração do lucro real dos períodos de apuração subsequentes o saldo do referido ágio existente na contabilidade na data da aquisição da participação societária, à razão de 1/60 (um sessenta avos), no máximo, para cada mês do período de apuração.

O artigo 25 da Lei nº 12.973/14 trouxe a definição do conceito de "partes dependentes". Vejamos:

---

§ 4º O disposto neste artigo aplica-se aos demais casos em que o contribuinte avalia a valor justo a participação societária anterior no momento da aquisição da nova participação societária.
[195] HADDAD, Gustavo Lian. PAES, Gustavo Duarte. O Ágio por Expectativa de Rentabilidade Futura na Lei 12.973 e o *Goodwill* na Combinação de Negócios – Aproximações e Distanciamentos. *In*: **Controvérsias Jurídico-Contábeis (Aproximações e Distanciamentos)**. Coord: Roberto Quiroga Mosquera, Alexsandro Broedel Lopes, v. 6. São Paulo: Dialética, 2015, p. 266.

TRATAMENTO DO ÁGIO APÓS A EDIÇÃO DA LEI Nº 12.973/14

Art. 25. Para fins do disposto nos arts. 20 e 22, consideram-se partes dependentes quando:

I – o adquirente e o alienante são controlados, direta ou indiretamente, pela mesma parte ou partes;

II – existir relação de controle entre o adquirente e o alienante;

III – o alienante for sócio, titular, conselheiro ou administrador da pessoa jurídica adquirente;

IV – o alienante for parente ou afim até o terceiro grau, cônjuge ou companheiro das pessoas relacionadas no inciso III; ou

V – em decorrência de outras relações não descritas nos incisos I a IV, em que fique comprovada a dependência societária.

Parágrafo único. No caso de participação societária adquirida em estágios, a relação de dependência entre o(s) alienante(s) e o(s) adquirente(s) de que trata este artigo deve ser verificada no ato da primeira aquisição, desde que as condições do negócio estejam previstas no instrumento negocial.

Apesar de ter andado bem em um primeiro momento, a inclusão do inciso V ao artigo 25 traz um problema, pois "abre a porteira para o Fisco considerar que toda e qualquer operação foi realizada entre partes relacionadas".[196] É dizer, a partir do momento em que a lei previu uma cláusula aberta, deu cheque em branco para que o Fisco tente enquadrar toda e qualquer relação jurídica de aquisição de sociedades no aludido inciso V.

Sob a perspectiva contábil, de fato o ágio gerado entre partes dependentes não deve ser reconhecido como ativo no caso de realização de operações dentro de um mesmo grupo econômico, nos termos do CPC 15[197] e do CPC 04[198], sob o pretexto de que não há geração de valor. Esclarece o tema Ramon Tomazela:

---

[196] LOBATO, Valter de Souza. O Novo Regime Jurídico do Ágio na Lei 12.973/2014. *In*: MANEIRA, Eduardo; SANTIAGO, Igor Mauler (coords.). **O Ágio no Direito Tributário e Societário: Questões Atuais.** São Paulo: Quartier Latin, 2015, pág. 118.

[197] B1. Este Pronunciamento não se aplica a combinação de negócios de entidades ou negócios sob controle comum. A combinação de negócios envolvendo entidades ou negócios sob controle comum é uma combinação de negócios em que todas as entidades ou negócios da combinação são controlados pela mesma parte ou partes, antes e depois da combinação de negócios, e esse controle não é transitório.

[198] 48. O ágio derivado da expectativa de rentabilidade future (goodwill) gerado internamente não deve ser reconhecido como ativo.

FUSÕES E AQUISIÇÕES

O ágio gerado entre pessoas de um mesmo grupo econômico é questionável sob o ponto de vista econômico-contábil, em razão da inexistência de valoração econômica. Isso porque a ciência contábil parte do pressuposto de que o ágio corresponde ao resultado econômico oriundo da aquisição de determinado investimento por meio de um processo de negociação entre partes independentes. Nesta visão, o ágio decorre de u processo de barganha negocial não viciado, que concorre para a formação de um preço justo. Assim, o registro de ágio somente seria concebível em operações realizadas entre partes independentes, conhecedoras do negócio e livre de pressões ou outros interesses.

Sob a perspectiva jurídica, é necessário observar que o ágio gerado dentro de um mesmo grupo econômico pode ser reconhecido como tal, hipótese em que seria admitido o aproveitamento fiscal.

Em primeiro lugar, é importante destacar que a presunção legal absoluta de invalidade de todas as operações societárias realizadas entre "partes dependentes" são eivadas de vícios é injustificada, como bem observado por Humberto Ávila.[199]

Em segundo lugar, em diversas circunstâncias, observa-se que há transações entre partes integrantes do mesmo grupo econômico realizadas de acordo com parâmetros de mercado, isto é, em que há efetiva geração de valor econômico, inclusive com pagamento de sobrepreço (ágio), sendo forçoso concluir pela aplicação do regime jurídico aqui estudado.

Por conta disso, a premissa utilizada pela legislação ignora diversas possibilidades e circunstâncias que permitem o reconhecimento de um "ágio bom", gerado entre partes do mesmo grupo econômico, que em diversas situações pode ocorrer, como lembra Ramon Tomazela:

---

49. Em alguns casos incorre-se em gastos para gerar benefícios econômicos futuros, mas que não resultam na criação de ativo intangível que se enquadre nos critérios de reconhecimento estabelecidos no presente Pronunciamento. Esses gastos costumam ser descritos como contribuições para o ágio derivado da expectativa de rentabilidade futura (goodwill) gerado internamente, o qual não é reconhecido como ativo porque não é um recurso identificável (ou seja, não é separável nem advém de direitos contratuais ou outros direitos legais) controlado pela entidade que pode ser mensurado com confiabilidade ao custo.

[199] ÁVILA, Humberto. Notas sobre o Novo Regime Jurídico do Ágio. *In*: **Controvérsias Jurídico-Contábeis (Aproximações e Distanciamentos)**. Coord: Roberto Quiroga Mosquera, Alexsandro Broedel Lopes, v. 5. São Paulo: Dialética, 2014, p. 156.

A título de exemplo, é possível mencionar as seguintes situações: aumento de capital subscrito por um único sócio, em que o registro do ágio evita a diluição injustificada do outros sócio ou acionista; aumento de capital para ingresso de novo sócio na sociedade; aquisição de participação societária em que há outros sócios ou acionistas minoritários envolvidos; aumento de capital em pessoa jurídica com patrimônio negativo, com pagamento em dinheiro.

Portanto, parece que a vedação legal não pode ser absoluta, podendo ser questionada, a nosso ver, a sua constitucionalidade e legalidade.[200] Não obstante, fato é que ela existe, mas sua aplicação será "limitada" caso as partes não se encaixem no conceito de partes dependentes, como na hipótese de aquisição de participação de minoritários, conforme analisado no tópico 4.4.1.

Por fim, em relação ao ágio interno relacionado à legislação antiga, o Poder Executivo vetou dispositivo[201], quando da sanção da Lei nº 12.973/14, que previa a convalidação das operações, e respectivas amortizações de tais ágios, anteriores ao advento da Lei nº 12.973/14 – ou seja, todos os casos hoje em discussão sobre o tema restariam "solucionados", mas o aludido veto impossibilitou o encerramento de debates que ainda serão prolongados por décadas.

4.4. Potenciais Discussões Relacionadas ao Novo Regime

Como visto, a Lei nº 12.973/14 modificou o regime jurídico do ágio. Para tanto, inspirou-se nas regras contábeis atinentes ao tema, tendo previsto

---

[200] Como observado por Humberto Ávila e Ramon Tomazela, ambos já citados no presente texto, a Lei andou mal, adotando premissas inadequadas, ao presumir que todas as transações entre partes dependents são eivadas de vício. Por conta disso, os aludidos autores questionam sua constitucionalidade e legalidade, levantando, ainda, que a regra não atende à proporcionalidade (mediante seus postulados: adequacao, necessidade e proporcionalidade em sentido estrito). Em que pese não ser este o momento adequado para discutir a constitucionalidade da aludida regra, fato é que o presente trabalho subscreve, por inteiro, o entendimento ali esposado.

[201] Art. 22.

(...)

Parágrafo único. Ficam convalidadas as exclusões para fins de apuração do lucro real decorrentes do aproveitamento do ágio por rentabilidade futura (*goodwill*), decorrentes de aquisições de participações societárias de partes dependentes ou relacionadas anteriores ao advento desta Lei.

FUSÕES E AQUISIÇÕES

critérios objetivos para a sua apuração, de modo a conferir segurança jurídica ao adquirente de participações societárias com ágio.

Nesse sentido, (i) ao retirar da apuração do ágio o aspecto subjetivo do adquirente (consubstanciado nos fundamentos econômicos anteriormente analisados), passando a determinar que o ágio amortizável por expectativa de rentabilidade futura reside no caráter residual após a avaliação a valor justo dos ativos e passivos da adquirida;(ii) ao prever regras objetivas atinentes à comprovação do ágio mediante laudo de avaliação; e (iii) impedir, de forma expressa, a apuração do ágio interno, a aludida Lei criou um instituto jurídico mais robusto e que, a princípio, afasta-se de todas as discussões relacionadas ao ágio "antigo".

Não obstante, há determinadas discussões, advindas do dia a dia das fusões e aquisições, que podem envolver a apuração de ágio no novo regime jurídico. É sobre algumas dessas discussões que este tópico pretende analisar.

4.4.1. O Tratamento do Ágio na Aquisição de Participação Societária em Sociedade Controlada

É plenamente possível que sociedades controladoras pretendam adquirir dos sócios minoritários as suas correspondentes participações societárias detidas na investida.

Sob a perspectiva contábil, o CPC 15 não é aplicável a tais transações, por não se tratar de uma operação de combinação de negócios. Nesse sentido, o item 23 do CPC 36 prevê que eventuais mudanças na participação societária da controladora devem ser contabilizadas como transações de capital, isto é, transações com sócios.[202]

O ICPC 09, por meio dos itens 64 a 67, determina que o registro de valor superior ao PL da investida, por ocasião da aquisição de tal participação, deve ocorrer, sob a perspectiva da entidade controladora, em contrapartida ao seu PL (individual ou consolidado).[203]

---

[202] "Mudanças na participação societária detida por controladores de controladora na controlada que não resultam na perda de controle da controlada pela controladora constituem transações patrimoniais (ou seja, transações com os sócios, tais quais operações de aquisição de suas próprias ações para manutenção em tesouraria)."

[203] "**67. Portanto, se a controladora adquirir mais ações ou outros instrumentos patrimoniais de entidade que já controla, deve considerar a diferença entre o valor de aquisição e o valor patrimonial contábil adquirido em contrapartida do seu patrimônio líquido**

Dessa forma, como o ICPC 09 não fala em mais-valia ou *goodwill*, mas simplesmente em "valor superior ao PL", e que tais transações não estariam submetidas ao âmbito de aplicação do CPC 15 (que inspirou a nova legislação do ágio), poderiam as aquisições em questão estarem submetidas às regras de apuração do ágio, previstas na Lei nº 12.973/14, e consequentemente permitirem o aproveitamento fiscal da mais-valia e do *goodwill*?

Nos parece que sim.

É que, como visto no tópico 4.3.1, a teor do comando disposto no artigo 20 do Decreto-Lei nº 1.598/1977, para fins jurídicos, o que interessa é que haja aquisição de participação societária avaliada pelo MEP.

Há, aqui, clara tensão entre a Contabilidade e o Direito. Não obstante, apesar de claramente inspirada pelas regras contábeis correspondentes, a legislação fiscal em questão, em nenhum momento, condicionou o aproveitamento fiscal da mais-valia e do *goodwill* ao registro das transações conforme o CPC 15 (que, como vimos, é a regra contábil atinente ao registro do *goodwill* na aquisição de negócios) – nessa altura do discurso, admitir o contrário seria ir de encontro à própria legalidade tributária, conforme visto no tópico 4.3.1.

Ademais, em sendo o ágio o sobrepreço pago, e que, como vimos, corresponde a uma despesa incorrida pelo contribuinte que seria amortizável, para fins fiscais, a partir do momento em que os patrimônios da investida e da investidora forem objeto de determinados eventos societários, não se pode, sob a acepção econômica e jurídica, condicionar a sua apuração e aproveitamento fiscais à obtenção do controle de tal entidade.

Como deixam claro Gustavo Haddad e Gustavo Paes, o regime aplicável às hipóteses em questão é o mesmo dos casos em que haja a aquisição do controle, de modo que o "Seu regime tributário será o mesmo do ágio eventualmente registrado por ocasião da aquisição do controle, inclusive para fins de eventuais futuras reorganizações societárias (fusão, cisão ou incorporação) reguladas pelo artigo 22 da Lei 12.973 (...)."[204]

(individual e consolidado), semelhantemente, por exemplo, à compra de ações próprias (em tesouraria). No caso de alienação, desde que não seja perdido o controle sobre controlada, a diferença também deve ser alocada diretamente ao patrimônio líquido, e não ao resultado." Isto ocorre em virtude de a participação dos não controladores ser parcela integrante do PL da entidade consolidada.

[204] HADDAD, Gustavo Lian. PAES, Gustavo Duarte. O Ágio por Expectativa de Rentabilidade Futura na Lei 12.973 e o *Goodwill* na Combinação de Negócios – Aproximações e Distancia-

FUSÕES E AQUISIÇÕES

Por fim, cabe destacar que a aplicação de tal regime jurídico do ágio presume a apuração dos montantes em uma transação entre **partes não dependentes**. Como visto, o artigo 25 da Lei nº 12.973/14 estabelece o rol de partes dependentes para fins de aplicação do regime do ágio:

> Art. 25. Para fins do disposto nos arts. 20 e 22, consideram-se partes dependentes quando:
>
> I – o adquirente e o alienante são controlados, direta ou indiretamente, pela mesma parte ou partes;
>
> II – existir relação de controle entre o adquirente e o alienante;
>
> III – o alienante for sócio, titular, conselheiro ou administrador da pessoa jurídica adquirente;
>
> IV – o alienante for parente ou afim até o terceiro grau, cônjuge ou companheiro das pessoas relacionadas no inciso III; ou
>
> V – em decorrência de outras relações não descritas nos incisos I a IV, em que fique comprovada a dependência societária.
>
> Parágrafo único. No caso de participação societária adquirida em estágios, a relação de dependência entre o(s) alienante(s) e o(s) adquirente(s) de que trata este artigo deve ser verificada no ato da primeira aquisição, desde que as condições do negócio estejam previstas no instrumento negocial.

De fato, além dos pontos já destacados, não há, via de regra, relação de dependência entre controlador e minoritário, nem tampouco se poderia falar em uma relação que seja influenciada pelo controle de um ao outro, até por não ser incomum que os interesses em relação à sociedade sejam, na verdade, contrapostos.

Situação diversa, e que não merece ser analisada a fundo neste trabalho, seria um caso de simulação, em que o minoritário foi "incluído" pelo controlador para permitir a posterior aquisição simulada das participações, o que, sob um olhar menos atento, permitiria a apuração e dedutibilidade do ágio. Tal hipótese seria enquadrada como simulação e, portanto, passível de autuação por parte da RFB, com glosa das respectivas despesas do ágio e aplicabilidade da multa correspondente.

Nem se diga, ademais, que haveria vedação à apuração do ágio nessas hipóteses em virtude da suposta determinação de que o "saldo contábil"

---

mentos. *In*: **Controvérsias Jurídico-Contábeis (Aproximações e Distanciamentos)**, Coord: Roberto Quiroga Mosquera, Alexsandro Broedel Lopes, v. 6. São Paulo: Dialética, 2015, p. 271.

deveria ser o passível de aproveitamento para fins fiscais. Para elucidar o tema, relembre-se o que determina o artigo 22 da Lei nº 12.973/14:

> Art. 22. A pessoa jurídica que absorver patrimônio de outra, em virtude de incorporação, fusão ou cisão, na qual detinha participação societária adquirida com ágio por rentabilidade futura (goodwill) *decorrente da aquisição de participação societária entre partes não dependentes, apurado segundo o disposto no inciso III do caput do art. 20 do Decreto-Lei nº 1.598, de 26 de dezembro de 1977,* poderá excluir para fins de apuração do lucro real dos períodos de apuração subsequentes o *saldo do referido ágio existente na contabilidade* na data da aquisição da participação societária, à razão de 1/60 (um sessenta avos), no máximo, para cada mês do período de apuração. (grifos nossos)

Leitura apressada do dispositivo legal em questão poderia levar ao entendimento de que a legislação fiscal se baseia nas disposições contábeis para apuração do ágio (*goodwill*), de modo que, como o CPC 15 veda a apuração de *goodwill* por ocasião da aquisição de participação societária em entidade controlada, não haveria *goodwill* para fins fiscais.

Porém, não é isso que ocorre. No próprio *caput* do artigo 22 há previsão de que a apuração do *goodwill* ocorrerá de acordo com o artigo 20 do Decreto-Lei nº 1.598/1977, sendo a contabilidade uma forma de registro do *goodwill* apurado segundo as normas fiscais. Assim, a vedação à apuração de ágio entre pessoas do mesmo grupo econômico parece ser injustificada, padecendo, ainda, de determinados vícios, como apontado no tópico 4.3.5.

Em conclusão, parece-nos possível que haja apuração e aproveitamento do ágio, nos termos previstos pela Lei nº 12.973/14, na hipótese em que haja aquisição de participação societária de não controladores (minoritários).

4.4.2. Os Efeitos da Contraprestação Contingente na Determinação e Aproveitamento do Ágio

Outro tema objeto de discussões prática na égide da nova legislação são os efeitos da contraprestação contingente na determinação do ágio.

Conforme definição do CPC 15, contraprestações contingentes "são obrigações contratuais, assumidas pelo adquirente em uma operação de combinação de negócios, de transferir ativos adicionais ou participações societárias adicionais aos ex-proprietários da adquirida, caso certos eventos futuros ocorram ou determinadas condições sejam satisfeitas", o que

"também pode dar ao adquirente o direito de reaver parte da contraprestação previamente transferida ou paga, caso determinadas condições sejam
satisfeitas." Adicionalmente, inclusive, conforme item 39 do CPC 15, o
adquirente deve reconhecer a contraprestação contingente pelo seu valor
justo na data da aquisição como parte da contraprestação transferida em
troca do controle da adquirida.

O que ocorre, basicamente, são ajustes de preço.

Para fins fiscais, apesar de não haver definição na Lei sobre o tema, a
IN 1.700 tratou do tema no comando do artigo 197, incorporando a legislação contábil:

> Art. 197. Para efeitos do disposto nesta Instrução Normativa considera-se:
>
> I – contraprestação contingente numa operação de combinação de negó-
> cios:
>
> *a)* as obrigações contratuais assumidas pelo adquirente de transferir ati-
> vos adicionais ou participações societárias adicionais aos ex-proprietários da
> adquirida, subordinadas a evento futuro e incerto; ou
>
> *b)* o direito de o adquirente reaver parte da contraprestação previamente
> transferida ou paga, caso determinadas condições sejam satisfeitas; [...]

É importante mencionar ser comum, nas operações de fusões e aquisições, que comprador e vendedor pactuem determinadas cláusulas no
contrato de aquisição da adquirida, que condicionam o pagamento ou
a retenção de determinada parcela do preço à ocorrência de um evento
futuro e incerto.

Dentre diversas hipóteses de contraprestações contingentes, o *earn out*
e a abertura de uma conta *escrow* (garantia) são exemplos comuns em operações de fusões e aquisições, dada, principalmente, a postura cética dos
compradores em relação à adquirida.

Em breve síntese, tais contraprestações contingentes podem corresponder a: (a) *Earn out*: vinculação de pagamento de determinadas parcelas vincendas ao desempenho da adquirida nos anos seguintes à aquisição
– na medida em que a adquirida atinja o desempenho esperado, cabe ao
comprador pagar tais parcelas contingentes ao vendedor e (b) Abertura
de conta *escrow*: a abertura de uma *escrow account*, ou conta de depósito,
refere-se à retenção e consequente depósito de parte do preço para garantir eventuais contingências, de modo que:

Com a utilização desse mecanismo, o comprador não corre o risco de, após ter promovido o pagamento da integralidade do preço, ser obrigado a investigar a existência de bens executáveis do vendedor (caso existam) para receber indenização referente a contingências da sociedade-alvo que se tornaram dívidas ou mesmo passivos não constatados na due diligence e não revelados pelo vendedor.

Já o vendedor fica livre do risco de solvência do comprador, porquanto tem a segurança de que, uma vez transcorrido o prazo convencionado e verificadas as condições de levantamento dos valores depositados, caberá ao banco disponibilizar os valores devidos.[205]

Dessa forma, o dinheiro depositado na conta *escrow* será liberado ao comprador ou ao vendedor, a depender do que ocorra no futuro em relação à parcela contingente: caso tenha que cobrir um dano, o dinheiro será destinado ao comprador; caso o dano não ocorra, o dinheiro deverá ser entregue ao vendedor como parte do preço de aquisição.

Para a determinação dos efeitos fiscais relacionados à contraprestação contingente, deve-se avaliar a composição do custo de aquisição do investimento avaliado por valor de PL. Nesse sentido, como destacado linhas acima, apesar de não haver previsão específica no Decreto-Lei nº 1.598/1977 ou na Lei nº 12.973/14, a RFB, além de ter conceituado as contraprestações contingentes, determinou que a legislação comercial deve ser utilizada[206] **no tocante às contraprestações contingentes**. Sobre o tema, o item 37 do CPC 15 dispõe o seguinte:

> 37. A contraprestação transferida em troca do controle da adquirida em combinação de negócios deve ser mensurada pelo seu valor justo, o qual deve ser calculado pela soma dos valores justos na data da aquisição: a) dos ativos transferidos pelo adquirente; b) dos passivos incorridos pelo adquirente junto aos ex-proprietários da adquirida; e c) das participações societárias emitidas pelo adquirente. (Contudo, qualquer parcela de plano de benefício com pagamento baseado em ações do adquirente trocada por plano de benefício com

---

[205] BOTREL, Sérgio. **Fusões e Aquisições**, 5ª Ed. São Paulo: Saraiva, 2017.
[206] IN 1.700: Art. 178. [...]
§ 12. A composição do custo de aquisição a que se refere o caput respeitará o disposto na legislação comercial, considerando inclusive contraprestações contingentes, sendo o seu tratamento tributário disciplinado no art. 196.

FUSÕES E AQUISIÇÕES

pagamento baseado em ações da adquirida em poder dos seus empregados e incluída no cômputo da contraprestação transferida na combinação de negócios deve ser mensurada de acordo com o item 30 e não pelo seu valor justo). Exemplos de formas potenciais de contraprestação transferida incluem caixa, outros ativos, um negócio ou uma controlada do adquirente, uma contraprestação contingente, ações ordinárias, ações preferenciais, quotas de capital, opções, opções não padronizadas – warrants, bônus de subscrição e participações em entidades de mútuo (associações, cooperativas etc.)

Os correspondentes reflexos fiscais estão previstos na IN 1.700:

Art. 196. Os reflexos tributários decorrentes de obrigações contratuais em operação de combinação de negócios, subordinadas a evento futuro e incerto, inclusive nas operações que envolvam contraprestações contingentes, devem ser reconhecidos na apuração do lucro real e do resultado ajustado nos termos dos incisos I e II do art. 117 da Lei nº 5.172, de 1966:

I – sendo suspensiva a condição, **a partir do seu implemento**;

II – sendo resolutória a condição, **desde o momento da prática do ato ou da celebração do negócio.**

§ 1º O disposto neste artigo independe da denominação dada à operação ou da forma contábil adotada pelas partes envolvidas.

§ 2º Para efeitos do disposto neste artigo, a pessoa jurídica deverá proceder aos ajustes do lucro líquido para fins de apuração do lucro real e do resultado ajustado, no e-Lalur e no e-Lacs.

Ou seja, a IN 1.700 se utilizou do comando disposto no artigo 117 do CTN[207] para determinar os efeitos fiscais das contraprestações em questão.

Dessa forma, observe-se que a combinação dos aludidos dispositivos da IN 1.700 demonstram que potenciais contraprestações contingentes devem ser consideradas para fins de determinação do custo de aquisição, mas os efeitos fiscais relacionados ao seu registro dependem da natureza da contraprestação correspondente.

---

[207] Art. 117. Para os efeitos do inciso II do artigo anterior e salvo disposição de lei em contrário, os atos ou negócios jurídicos condicionais reputam-se perfeitos e acabados:
I – sendo suspensiva a condição, desde o momento de seu implemento;
II – sendo resolutória a condição, desde o momento da prática do ato ou da celebração do negócio.

Nesse sentido, tendo em vista que a legislação fiscal adota, na parte relacionada às contraprestações contingentes, que tais valores devem ser adicionados na determinação do custo de aquisição e, consequentemente, na apuração da mais-valia e do *goodwill* pelo valor justo na **data da aquisição**, este é o valor que deve compor o custo de aquisição a ser considerado por ocasião da alocação do preço pago na aquisição de participações societárias, mas o seu aproveitamento para fins fiscais fica condicionado ao efetivo pagamento dos aludidos valores.

Destaque-se, neste ponto, que o reconhecimento e mensuração do preço de aquisição, especialmente no que se refere às contraprestações contingentes, podem ser alterados dentro do prazo de 12 meses da data de aquisição (período de mensuração). Ou seja: quaisquer alterações no preço dentro do período de 12 meses será considerada realizada na data de aquisição, o que significa que, também para fins fiscais, eventuais alterações modificam o custo de aquisição a ser considerado na alocação da mais-valia / *goodwill*.

Passado o período de mensuração, não é mais possível alterar o preço de aquisição, o que significa que as contraprestações contingentes eventualmente registradas impactarão o valor do ágio no montante máximo contabilizado.

Ainda, caso os desembolsos futuros das contraprestações contingentes ocorram em valor superior ao registrado no período de mensuração, tais montantes não poderão ser considerados na apuração da mais-valia e do *goodwill* para fins fiscais, tendo em vista que a legislação tributária deixa claro o preço a ser considerado na alocação é aquele existente na **data da aquisição** da participação societária.

Adicionalmente, o correspondente aproveitamento fiscal de tais parcelas, com a redução do lucro real e da base de cálculo da CSLL, só poderá ocorrer no momento do efetivo desembolso dos valores relacionados às contraprestações contingentes, por determinação expressa da legislação. Esse, inclusive, foi o entendimento da Receita Federal por meio da Solução de Consulta COSIT n. 03, de 22.01.2016:

> 51. De fato, o regime de competência determina que o valor das transações e de outros eventos seja reconhecido nos períodos a que se refere, independentemente do recebimento ou pagamento. Entretanto, para seu reconhecimento fiscal é necessário também que esse valor represente com fidedignidade aquilo que consubstancia, no caso em tela o efetivo preço da

aquisição da participação societária, uma vez que, conforme sobejamente demonstrado acima, o preço consignado em contrato não é determinado, já que o valor final está condicionado a eventos futuros e incertos. **Somente a efetiva e definitiva entrega de numerário aos Vendedores, nas condições estabelecidas no contrato, é que permite reconhecer que determinado valor integra o custo de aquisição da participação societária.**

Assim, considerando, por exemplo, uma transação em que as partes pactuaram uma cláusula de *earn out*, os correspondentes efeitos fiscais ficam condicionados à rentabilidade projetada no momento da aquisição. Nesse contexto, para fins do exercício, considere-se o pagamento do preço na seguinte proporção:

(i) **Parcela 1:** Pagamento, à vista, de 50% do preço de aquisição;
(ii) **Parcela 2:** Parcela variável do preço, correspondente aos outros 50% do valor, a ser paga em 4 parcelas vincendas, cujo pagamento estaria condicionado ao auferimento dos lucros projetados pelo vendedor nas negociações.

No exemplo acima, por mais que houvesse, em um primeiro momento, o dispêndio de apenas 50% do custo de aquisição, tendo em vista que a contraprestação contingente (Parcela 2) compõe o custo de aquisição para fins de determinação da mais/menos-valia e do *goodwill*, a apuração de tais parcelas deve ocorrer em relação ao todo, isto é, ao somatório das Parcelas 1 e 2, mas o aproveitamento fiscal da parcela 2 fica condicionada ao seu efetivo pagamento no futuro – a não ocorrência das condições fixadas na cláusula de *earn out* implica a impossibilidade de aproveitamento da parcela 2.

Por fim, note que, caso a parcela não esteja condicionada a eventos incertos, mas apenas a eventos futuros (termo), o montante será considerado dedutível para fins fiscais no primeiro momento (momento do evento societário que congregar os patrimônios da investidora e investida), não necessitando esperar data futura para que a dedução seja admitida.

4.4.3. Laudo de Avaliação Protocolado após o Prazo Legal (13 Meses)

Outra potencial discussão no contexto do ágio novo diz respeito à validade do ágio caso o protocolo do laudo ou do sumário (junto ao cartório ou à RFB) ocorra em período posterior ao prazo de 13 meses previsto na Lei.

Como visto, este foi um dos requisitos formais previstos pela legislação para que o aproveitamento fiscal dos saldos de mais-valia e *goodwill* pudesse ser realizado, sendo consequência imediata, no texto legal, a impossibilidade de aproveitamento dos aludidos saldos na hipótese em que o prazo em questão não seja cumprido.

Temos notícia de contribuintes ajuizando ações junto ao Poder Judiciário para reconhecer o direito ao aproveitamento fiscal do ágio na hipótese em que o prazo para protocolo do laudo seja descumprido. Em um processo específico[208], há decisão favorável aos contribuintes, proferida pelo Tribunal Regional Federal da 1ª Região em sede de Agravo de Instrumento, suspendendo a exigibilidade do crédito tributário, sem, porém, adentrar ao mérito do tema, mas considerando que o tema será objeto de perícia no âmbito do processo que tramita em 1ª instância.

Com base no que foi demonstrado ao longo deste texto, especialmente com relação à natureza jurídica do ágio, os seguintes argumentos podem ser levantados para defender o aproveitamento do ágio nesse contexto:

> ➤ O pagamento do ágio ocorreu em função da aquisição de ativos com capacidade de geração de lucros futuros, sendo a dedução das despesas correspondentes um direito, e não um benefício fiscal dos contribuintes. Nesse contexto, o não cumprimento do protocolo do laudo não pode obstar o direito em questão, pois é um dever acessório – esse argumento pode ser reforçado na hipótese em que o laudo tenha sido providenciado em período imediatamente posterior à aquisição, o que é capaz de demonstrar que o não protocolo se deu em decorrência de razões externas ao pagamento do ágio;

> ➤ Em reforço ao primeiro argumento, em sendo o ágio um direito, a vedação ao aproveitamento em função de deveres acessórios fere o conceito jurídico de renda, uma vez que o contribuinte arcará com o imposto em valor superior à efetiva disponibilidade.

Destaque-se não ser objeto do presente estudo aprofundar os pontos relacionados especialmente à constitucionalidade / legalidade do protocolo do laudo, mas fato é que tal exigência está veiculada na legislação e goza de presunção de constitucionalidade / legalidade até que ato do poder judiciário declare o contrário.

---

[208] Processo nº 1030649-96.2019.4.01.0000.

FUSÕES E AQUISIÇÕES

4.4.4. O Caso dos Intangíveis na Composição do Custo de Aquisição

A Lei nº 12.973/14 e o CPC 15 dispõem que, para fins de alocação do custo de aquisição, os ativos identificáveis devem ser reconhecidos como componentes da mais-valia. Esta regra vale também para os ativos intangíveis, que, como vimos, são também passíveis de reconhecimento no contexto de uma operação de combinação de negócios.

Nos termos do CPC 04, "Ativo intangível é um ativo não-monetário identificável sem substância física." Assim, desta norma contábil, são potencialmente ativos intangíveis os softwares, patentes, direitos autorais, direitos sobre filmes cinematográficos, listas de clientes, direitos sobre hipotecas, licenças de pesca, quotas de importação, franquias, relacionamentos com clientes ou fornecedores, fidelidade de clientes, participação no mercado e direitos de comercialização.

Para que os ativos acima sejam efetivamente reconhecidos como intangíveis, devem os mesmos ser ativos identificáveis, o que, nos termos do CPC 15, compreende os seguintes requisitos:

(a) o ativo deve ser separável, ou seja, capaz de ser separado ou dividido da entidade e vendido, transferido, licenciado, alugado ou trocado, individualmente ou em conjunto com outros ativos e passivos ou contrato relacionado, independentemente da intenção da entidade em fazê-lo; ou

(b) o ativo surge de um contrato ou de outro direito legal, independentemente de esse direito ser transferível ou separável da entidade e de outros direitos e obrigações.

Assim, um ativo intangível a ser reconhecido no contexto de uma combinação de negócios é aquele que, seguindo as normas contábeis, seja não monetário, sem substância física e possua os requisitos de um ativo identificável, nos termos vistos acima.

A adequação de um intangível às características de um ativo identificável, nos termos do CPC 15, é uma questão complicada. É que, especialmente no que diz respeito à separação e transferência do ativo, controvérsias surgem nos contextos da combinação de negócios, especialmente porque o reconhecimento ou não destes como ativos modificarão o valor do *goodwill* a ser aproveitado para fins fiscais. Eliseu Martins e Sérgio de Iudícibus demonstram os problemas:

Se uma patente pode ser transferida a terceiros, ela é computada como um ativo em separado do *Goodwil*; já se sua transferência só for possível se também forem juntos os equipamentos, a rede de distribuição e todos os demais ativos da entidade, não é computada em separado e fica dentro do *Goodwill*. O mesmo com relação à marca: se de um produto em especial e se puder ser vendida separadamente sem perda da continuidade da empresa, é computada (se puder ser avaliada, é óbvio) como um ativo à parte; já se sua alienação implicar na destruição da empresa, faz parte do *Goodwill*. Uma lista de clientes que pode ser transferida, é um ativo à parte, mas a fidelidade desses clientes que tanto lucros às vezes traz não é separável, e assim por diante.[209]

O que se vê é que apenas os intangíveis que possuam uma função individual e desconexa à empresa podem ser reconhecidos como tal, por terem a característica de "ativos identificáveis".

Assim, se um intangível não é identificável, isso significa que o mesmo faz parte do resíduo do preço, correspondente ao *goodwill*, na medida em que não há valor justo atribuível ao intangível em questão. Ou seja: tal ativo, em nenhuma hipótese, comporá a mais-valia de ativos para fins de composição do custo de aquisição.

Em um caso concreto, a despeito da utilização de todos os critérios contábeis relacionados ao reconhecimento de um ativo intangível, na hipótese em que parte desses ativos não seja assim reconhecido – por não ser um ativo identificável –, não podemos descartar que a RFB poderá tentar atribuir a esses ativos a natureza de um ativo identificável, reduzindo, por consequência, o *goodwill* e, ao mesmo tempo, atribuindo uma suposta "amortização" contábil a um ativo que, contabilmente, não será amortizado.

Eventual atitude nesse sentido paira na mesma discussão de desconsideração do PPA: apenas os vícios e incorreções podem ser utilizados pelas autoridades fiscais, não podendo a RFB, na hipótese de boa-fé e utilização dos critérios contábeis, questionar a qualidade do PPA apresentado, sob pena de se tornar contador, e não autoridade fiscal.

---

[209] MARTINS, Eliseu. IUDÍCIBUS, Sérgio de. Intangível – sua relação contabilidade/direito – teoria, estruturas conceituais e normas – problemas fiscais de hoje. *In*: **Controvérsias Jurídico-Contábeis (Aproximações e Distanciamentos)**, Coord: Roberto Quiroga Mosquera, Alexsandro Broedel Lopes, v. 2. São Paulo: Dialética, 2011, p. 79/80.

4.4.5. Propósito Negocial

Por fim, os argumentos utilizados no contexto do ágio antigo que dizem respeito ao propósito negocial devem surgir também nas estruturas com aproveitamento do ágio novo.

Como exemplo, as discussões relacionadas à empresa-veículo devem permanecer similares ao que foi discutido no contexto do ágio antigo. Ou seja: como em muitos casos há necessidade de interposição de uma outra sociedade para que a apuração do ágio seja permitida (ex: investidores internacionais; questões regulatórias etc), a tendência é que a RFB continue a vedar o aproveitamento dos saldos de ágio na hipótese de existência de uma empresa-veículo.

Ademais, a RFB também poderá sustentar que a aquisição de participações societárias de minoritários não atender ao propósito negocial e, portanto, o aproveitamento do ágio estaria vedado – diferentemente do que foi apresentado no tópico 4.4.1. Além disso, as teses de reais adquirentes também devem persistir no âmbito daquele órgão.

Como as discussões sobre propósito negocial permitem um estudo inteiro em separado, a sua análise específica não será objeto de maior abordagem neste texto. No entanto, como pontuado, acreditamos que a RFB continue a vedar o aproveitamento de ágio com base nessas e em outras teses difundidas ao longo dos anos em diversos autos de infração sobre o tema.

5
Conclusões

Conforme visto ao longo deste livro, as operações de fusões e aquisições, de maneira geral, envolvem a apuração e aproveitamento do ágio para fins fiscais, reduzindo as bases de cálculo do IRPJ e da CSLL – isso significa, então, que corriqueiramente o preço das fusões e aquisições são impactados, de forma direta, pelo valor do ágio, já que a conta de chegada pelo pagamento das participações societárias leva em consideração a amortização fiscal da parcela em questão.

Por isso, o presente livro objetivou demonstrar os principais impactos fiscais advindos da possibilidade de apuração e aproveitamento fiscal do ágio nas operações de fusões e aquisições.

Para tanto, antes de iniciar a análise específica de tal instituto, e tendo em vista que a legislação tributária é influenciada pelos critérios contábeis, dado que a tributação corporativa tem como ponto de partida o lucro líquido apurado de acordo com a legislação societária, apresentou-se, no **segundo capítulo** desse livro, breves noções sobre a contabilidade no Brasil, transitando pelas evoluções dos padrões contábeis no nosso país, que foram alteradas pela Lei nº 11.638/2007 mediante a adoção da contabilidade IFRS, e as consequentes tensões existentes entre o Direito e a Contabilidade. A análise destes temas permitiu as seguintes conclusões:

(i) A adoção, pela Lei nº 11.638/2007, dos padrões IFRS na escrituração das pessoas jurídicas implica na utilização dos pronunciamentos contábeis emitidos pelo CPC, que são baseados nas normas internacionais de contabilidade, que modificaram por completo o reconhecimento e mensuração dos eventos ocorridos e registrados pela Contabilidade, a fim de que o mercado financeiro e de capitais brasileiro evoluísse e estivesse de acordo com os padrões contábeis adotados nos principais países do mundo;

(ii) Os padrões IFRS tem como principal vetor o registro de eventos com base na essência econômica, mediante (a) desvinculação da forma jurídica adotada pelos agentes sempre que essa forma se afaste da substância econômica dos atos praticados – primazia da essência econômica sobre a forma jurídica; (b) adoção de normas mais flexíveis, muitas vezes baseada em princípios, que conferem ao contador maior liberdade no processo contábil; (c) reconhecimento de ganhos não realizados, aferidos com base em oscilações de valor; e (d) progressivo abandono do custo histórico e maior adoção do valor justo;

(iii) Nesse sentido, as alterações promovidas ao ordenamento jurídico brasileiro visam a afastar a antiga Contabilidade, contaminada pela forma jurídica das leis tributárias que criavam padrões de escrituração, para determinar que o referencial dos registros contábeis seja o efeito econômico ou financeiro subjacente de determinado evento, alterando-a da qualificação jurídica para a substância econômica;

(iv) Diferentemente da Contabilidade, o Direito se apoia na natureza jurídica dos elementos de um negócio jurídico para definir os seus efeitos;

(v) Diante disso é que, para o Direito Tributário, as incidências fiscais devem seguir estritamente o que prevê a Constituição Federal e as Leis (complementares e ordinárias), não importando se a essência econômica, para a Contabilidade, indique consequência distinta da prevista pela norma jurídica, de modo a adoção dos padrões contábeis depende de uma determinação para tanto por parte da legislação tributária, o que foi feito pela Lei nº 12.973/14.

Adiante, no **terceiro capítulo**, iniciou-se a demonstração do regime fiscal do ágio previsto pela Lei nº 9.532/97, denominado ao longo deste texto de "regime jurídico antigo", já que suas regras não estão mais em vigor. Apesar disso, dadas as controvérias existentes, e que tais regras eram aplicáveis às incorporações, fusões e cisões ocorridas até 31.12.2017 (em relação às aquisições ocorridas até 31.12.2014), optou-se por apresentar as

CONCLUSÕES

regras atinentes à apuração e ao aproveitamento do ágio, para, em seguida, apresentar determinados casos que são comumente discutidos perante o CARF. A análise dessas matérias permitiu as seguintes conclusões:

(i)   Pela edição do Decreto-Lei nº 1.598/1977, os adquirentes deveriam, por ocasião da aquisição de participações societárias, desdobrar o custo de aquisição entre valor de PL e ágio, parcela esta que seria baseada em um dos três fundamentos econômicos previstos na aludida legislação: valor de mercado dos bens da investida, *goodwill* ou fundo de comércio, intangíveis e outras razões econômicas.

(ii) Apesar da previsão do aludido desdobramento do custo de aquisição, não havia, em um primeiro momento, previsão de amortização fiscal do ágio apurado, que deveria compor, apenas, o ganho ou perda de capital no momento da realização do investimento.

(iii) Posteriormente, com o advento da Lei nº 9.532/97 e em vista do estímulo às privatizações, foi conferido tratamento fiscal ao ágio apurado de acordo com os comandos do Decreto-Lei nº 1.598/77, sendo certo que os diferentes fundamentos econômicos (valor de mercado dos bens da investida, ágio por expectativa de rentabilidade futura e fundo de comércio e intangíveis) do ágio apurado determinavam os correspondentes efeitos fiscais, a ser comprovado por demonstrativo que seria arquivado pelo contribuinte;

(iv) Enquanto o fundamento econômico relacionado ao valor de mercado dos bens da investida determinava a integração de tais parcelas ao custo do bem para fins de depreciação, amortização ou exaustão, o ágio por expectativa de rentabilidade futura seria deduzido das bases do IRPJ e da CSLL, proporcionando uma economia fiscal de 34% sobre o valor apurado, que seria amortizado à razão de 1/60, no mínimo.

(v)   Destaque-se que as normas veiculadas pela referida lei determinava que o aproveitamento fiscal do aludido instituto seria permitido a partir do momento em que os patrimônios da entidade adquirida e da investidora fossem absorvidos um ao outro, de modo a determinar que o ágio,

(vi) Tal regime jurídico apresentava diversos problemas, uma vez que não previa critérios objetivos, seguros, que conferiam segurança jurídica ao contribuinte, de modo que, constantemente, operações de fusões e aquisições que resultavam na apuração e aprovei-

FUSÕES E AQUISIÇÕES

tamento fiscal do ágio eram, constantemente, objeto de autuação por parte do Fisco;

(vii)Nesse sentido, foram apresentados determinados casos que sempre foram problemáticos, como a utilização de empresa-veículo, o ágio interno

A legislação evoluiu. Foi, então, editada a lei que tinha por objetivo adequar a legislação fiscal às alterações promovidas na contabilidade pela Lei nº 11.638/2007, tendo, diante disso, sido criado um novo regime jurídico do ágio foi inaugurado na legislação brasileira, inspirado nas normas contábeis relacionadas ao instituto e veiculadas pelo CPC 15. A análise de tais temas permitiu as seguintes conclusões:

(i) Com o advento da Lei nº 12.973/14, a contabilidade padrão IFRS passou a ser o ponto de partida da apuração do IRPJ e da CSLL, sendo certo que um dos temas impactados pela edição de tal norma foi justamente o ágio;

(ii) O CPC 15, que veicula as normas contábeis atinentes ao registro e mensuração das operações de combinação de negócios, determina que a contabilização da operação que configure uma combinação de negócios deve observar algumas etapas, que compreendem: (i) identificação do adquirente; (ii) determinação da data de aquisição; (iii) o reconhecimento e mensuração, a valor justo, dos ativos identificáveis adquiridos, dos passivos assumidos e das participações societárias de não controladoras na adquirida; e (iv) o reconhecimento e mensuração do ágio por expectativa de rentabilidade futura (*goodwill*) ou do ganho proveniente de compra vantajosa;

(iii) A análise do novo regime jurídico do ágio, veiculadas pela Lei nº 12.973/14, demonstra que o legislador se inspirou nas normas contábeis para criar o aludido novo regime;

(iv) De acordo com este regime, o custo de aquisição, diferentemente do regime antigo, deve ser desdobrado em 3 parcelas, tendo sido criado um novo critério de alocação entre: (a) Valor do patrimônio líquido: calculado de acordo com o MEP, como já constava da redação original do dispositivo; (b) Mais ou menos-valia: correspondente à diferença entre o valor justo dos ativos (tangíveis e intangíveis) líquidos adquiridos e dos passivos assumidos da sociedade adquirida e o seu valor patrimonial; e (c) *Goodwill*: ágio por

CONCLUSÕES

rentabilidade futura, que correspondente à diferença positiva entre o custo de aquisição e o somatório da mais-valia e do valor patrimonial do investimento, relegando ao *goodwill* o mesmo traço residual que lhe confere as regras contábeis – ou seja, de acordo com as novas regras, não haverá mais problemas em relação à apuração de *goodwill*, desde que os valores sejam comprovados e forem superiores ao valor de PL e à mais-valia dos ativos da investida;

(v) Diferentemente do regime anterior, exige-se, para fins de comprovação do custo de aquisição, laudo de avaliação elaborado por perito independente, cujos critérios estão estabelecidos na IN nº 1.700/2017;

(vi) Realizada tal alocação, e apurado os valores correspondentes à mais-valia e ao *goodwill*, o correspondente aproveitamento fiscal depende, assim como no regime antigo, de ume vento societário para unir os patrimônio da investidora e da investida;

(vii) Dessa forma, o aproveitamento de tais parcelas são similares aos fundamentos econômicos, respectivamente, do valor de mercado de bens da investida e do ágio por expectativa de rentabilidade futura;

(viii) Enquanto a mais-valia será integrada ao custo dos bens a que se refere para fins de depreciação, amortização ou exaustão, o *goodwill* reduzirá as bases de cálculo do IRPJ e da CSLL, a ser amortizado à razão de 1/60.

(ix) Por fim, foram demonstrados cinco casos concretos que podem ser discutidos no âmbito do novo regime jurídico do ágio, quais sejam: (a) possibilidade de aproveitamento do aludido regime nas hipóteses em que a controladora adquira participações societárias adicionais na controlada, concluindo pela possibilidade de apuração e aproveitamento fiscal do ágio; e (b) os efeitos fiscais da contraprestação contingente, que compõem o custo de aquisição, mas não podem ser fiscalmente aproveitadas até o momento de seu efetivo pagamento; (c) questões relacionadas ao laudo extemporâneo, isto é, protocolado após o prazo de 13 meses previsto na legislação; (d) reconhecimento dos ativos intangíveis como componentes ou não da mais-valia; e (e) entendimento relacionado à continuação de discussões relacionadas ao tema do "propósito negocial", como o ágio interno, empresa-veículo, real adquirente, dentre outros.

REFERÊNCIAS

ANDRADE FILHO, Edmar Oliveira. **Imposto de renda das empresas.** 12ª Edição. São Paulo: Atlas, 2016.

ALVES, Raquel de Andrade Vieira. FRANCO, Fernando Raposo. O Ágio Fundado em Expectativa de Rentabilidade Futura e a Efetvia Geração de Lucros: "Caso DASA". In: MANEIRA, Eduardo; SANTIAGO, Igor Mauler (coords.). **O Ágio no Direito Tributário e Societário: Questões Atuais.** São Paulo: Quartier Latin, 2015.

ÁVILA, Humberto. Conferência – Planejamento Tributário. *In:* **Revista de Direito Tributário n° 98.** São Paulo: Editora Malheiros, 2007.

____. Ágio com Fundamento em Rentabilidade Futura. Empresas do Mesmo Grupo. Aquisição mediante Conferência em Ações. Direito à Amortização. Licitude Formal e Material. *In:* **Revista Dialética de Direito Tributário, nº 205.** São Paulo: Dialética, 2012.

____. Notas sobre o Novo Regime Jurídico do Ágio. *In:* **Controvérsias Jurídico--Contábeis (Aproximações e Distanciamentos), 5º Volume.** Coord: Roberto Quiroga Mosquera, Alexsandro Broedel Lopes. São Paulo: Dialética, 2014.

BARRETO, Ana Paula S. Lui. SILVA, Natalie Matos. As Novas Regras Contábeis para o Reconhecimento e a Mensuração do Ágio e o Regime Tributário de Transição (RTT). *In:* **Controvérsias Jurídico-Contábeis (aproximações e distanciamentos), 3º Volume.** Coord. LOPES, Alexsandro Broedel; MOSQUERA, Roberto Quiroga. São Paulo: Dialética, 2012.

____. Ágio. Evolução Jurisprudencial. *In:* **Controvérsias Jurídico-Contábeis (Aproximações e Distanciamentos), 4º Volume.** Coord: Roberto Quiroga Mosquera, Alexsandro Broedel Lopes. São Paulo: Dialética, 2013.

BARRETO, Paulo Ayres. Algumas reflexões sobre o "Propósito Negocial" no Direito Tributário Brasileiro. *In:* **Direito Tributário Atual.** Coord: Cristiano Carvalho, 1ª Ed. Rio de Janeiro, Elsevier, 2015,

BENTO, Sergio. Tratamento Tributário do Ágio. *In:* Lei n° 12.973/14 – Novo Marco Tributário: Padrões Internacionais de Contabilidade. Coords: VIEIRA, Marcelo Lima; CARMIGNANI, Zabetta Macarini. São Paulo: Quartier Latin, 2015, p. 125-156.

BIANCO, João Francisco. Aparência Econômica e Natureza Jurídica. *In*: **Controvérsias Jurídico-Contábeis (Aproximações e Distanciamentos).** Coord: Roberto Quiroga Mosquera, Alexsandro Broedel Lopes. São Paulo: Dialética, 2010.

BIFANO, Elidie Palma. Contabilidade e Direito: a Nova Relação. *In*: **Controvérsias Jurídico-Contábeis (Aproximações e Distanciamentos).** Coord: Roberto Quiroga Mosquera, Alexsandro Broedel Lopes. São Paulo: Dialética, 2010.

BOTREL, Sérgio. **Fusões e Aquisições**, 5ª Ed. São Paulo: Saraiva, 2017.

CARVALHO, Paulo de Barros. **Curso de Direito Tributário**. 26 ed. São Paulo: Editora Saraiva, 2015.

COÊLHO, Sacha Calmon Navarro. O Conceito Tributário de Ágio Previsto no Decreto-Lei nº 1.598/77 e os Requisitos para sua Amortização com base no art. 7º da Lei 9.532/1997. *In*: MANEIRA, Eduardo; SANTIAGO, Igor Mauler (coords.). **O Ágio no Direito Tributário e Societário: Questões Atuais.** São Paulo: Quartier Latin, 2015.

Comitê de Pronunciamentos Contábeis. **Pronunciamento Conceitual Básico do CPC.** <http://www.cpc.org.br/CPC/Documentos-Emitidos/Pronunciamentos/Pronunciamento?Id=80> Acesso em: 05/06/2018.

Comitê de Pronunciamentos Contábeis. **Pronunciamento nº 15.** <http://www.cpc.org.br/CPC/Documentos-Emitidos/Pronunciamentos/Pronunciamento?Id=46> Acesso em: 06/06/2018.

FONSECA, Fernando Daniel de Moura. **Normas Tributárias e a convergência das regras contábeis internacionais.** Rio de Janeiro: Lumen Juris, 2015.

_____. LIMA, Daniel Serra. A Relação entre os Conceitos Jurídico e Contábil de Ágio antes e depois da Reforma da Lei das S/A: O Problema da Interdisciplinariedade no Direito Tributário. *In*: MANEIRA, Eduardo; SANTIAGO, Igor Mauler (coords.). **O Ágio no Direito Tributário e Societário: Questões Atuais.** São Paulo: Quartier Latin, 2015.

GELBCKE, Ernesto Rubens. SANTOS, Ariovaldo dos. IUDÍCIBUS, Sérgio de. MARTINS, Eliseu. **Manual de Contabilidade societária: aplicável a todas as sociedades: de acordo com as normas internacionais e do CPC.** 3ª Ed. São Paulo: Atlas, 2018.

GRECO, Marco Aurélio. Ágio por expectativa de rentabilidade futura: algumas observações. Acesso em: < https://edisciplinas.usp.br/pluginfile.php/4066358/mod_resource/content/0/GRECO%20--%20%C3%81gio%20por%20expectativa.pdf>, em 14/08/2018.

HADDAD, Gustavo Lian. PAES, Gustavo Duarte. O Ágio por Expectativa de Rentabilidade Futura na Lei 12.973 e o *Goodwill* na Combinação de Negócios – Aproximações e Distanciamentos. *In*: **Controvérsias Jurídico-Contábeis (Aproximações e Distanciamentos), 6º Volume.** Coord: Roberto Quiroga Mosquera, Alexsandro Broedel Lopes. São Paulo: Dialética, 2015.

IUDÍCIBUS, Sérgio de. Essência sobre a Forma e o Valor Justo: duas Faces da Mesma Moeda. *In*: **Controvérsias Jurídico-Contábeis (Aproximações e Distanciamentos).** Coord: Roberto Quiroga Mosquera, Alexsandro Broedel Lopes. São Paulo: Dialética, 2010.

LOBATO, Valter de Souza. O Novo Regime Jurídico do Ágio na Lei 12.973/2014. *In*: MANEIRA, Eduardo; SANTIAGO, Igor Mauler (coords.). **O Ágio no Direito**

REFERÊNCIAS

Tributário e Societário: Questões Atuais. São Paulo: Quartier Latin, 2015.

LOPES, Alexsandro Broedel. MARTINS, Eliseu. Do ágio baseado em expectativa de rentabilidade futura – algumas considerações contábeis. *In:* **Controvérsias Jurídico-Contábeis (aproximações e distanciamentos), 3º Volume.** Coord. LOPES, Alexsandro Broedel; MOSQUERA, Roberto Quiroga. São Paulo: Dialética, 2012.

____. MOSQUERA, Roberto Quiroga. O Direito Contábil – Fundamentos Conceituais, Aspectos da Experiência Brasileira e Implicações. *In:* **Controvérsias Jurídico-Contábeis (Aproximações e Distanciamentos).** Coord: Roberto Quiroga Mosquera, Alexsandro Broedel Lopes. São Paulo: Dialética, 2010.

MARTINS, Eliseu; ALMEIDA, Diana Lúcia de; MARTINS, Erica Aversari; COSTA, Patrícia de Souza. *Goodwill:* uma análise dos conceitos utilizados em trabalhos científicos". **Revista Contabilidade e Finanças**, USP, São Paulo, v. 21, nº 52, jan./abr. 2010. Disponível em: http://www.scielo.br/pdf/rcf/v21n52/v21n52a05.pdf. Acesso em 01/08/2018.

____. IUDÍCIBUS, Sérgio de. Intangível – sua relação contabilidade/direito – teoria, estruturas conceituais e normas – problemas fiscais de hoje. In: **Controvérsias Jurídico-Contábeis (Aproximações e Distanciamentos),** Coord: Roberto Quiroga Mosquera, Alexsandro Broedel Lopes, v. 2. São Paulo: Dialética, 2011.

____. Ágio Interno – É um Mito? *In:* **Controvérsias Jurídico-Contábeis (Aproximações e Distanciamentos), 4º Volume.** Coord: Roberto Quiroga Mosquera, Alexsandro Broedel Lopes. São Paulo: Dialética, 2013.

MARTINS, Natanael. A Nova Contabilidade pós Medida Provisória 627/2013: Normas Contábeis e Normas de Tributação: dois Corpos Distintos de Linguagem e de Aplicação. *In:* **Controvérsias Jurídico-Contábeis (Aproximações e Distanciamentos), 5º Volume.** Coord: Roberto Quiroga Mosquera, Alexsandro Broedel Lopes. São Paulo: Dialética, 2014.

____. A Lei 12.973/2014 e o Novo Tratamento Tributário Dado às Operações de Combinação de Negócios – Pronunciamento Técnico CPC 15. *In:* **Controvérsias Jurídico-Contábeis (Aproximações e Distanciamentos).** Coord: Roberto Quiroga Mosquera, Alexsandro Broedel Lopes, v. 6. São Paulo: Dialética, 2015.

MIFANO, Flavio. DINIZ, Rodrigo de Madureira Pará. A Lei Nº 12.973/2014: A Primeira Página de um Novo Livro na História da Tributação Corporativa Brasileira. *In:* **Sinopse Tributária 2014-2015.** São Paulo: Impressão Régia, 2014.

MOREIRA, André Mendes. CAMPOS, Eduardo Lopes de. O Problema do Ágio Interno Frente ao Art. 36 da Lei nº 10.637/2002. *In:* **O Ágio no Direito Tributário e Societário: Questões Atuais.** São Paulo: Quartier Latin, 2015.

MOSQUERA, Roberto Quiroga. FREITAS, Rodrigo de. Aspectos Polêmicos do Ágio na Aquisição de Investimento: (i) Rentabilidade Futura e (ii) Ágio Interno. *In:* **Controvérsias jurídico-contábeis (aproximações e distanciamentos), 2º volume.** Coord. Roberto Quiroga Mosquera, Alexsandro Broedel Lopes. São Paulo: Dialética, 2011.

MUNIZ, Ian de Porto Alegre. **Fusões e Aquisições – Aspectos Fiscais e Societários.** 3ª Edição. São Paulo: Quartier Latin, 2015.

NEDER, Marcos Vinicius. JUNQUEIRA, Lavínia Moraes de Almeida Nogueira. Análise do Tratamento Contábil e Fiscal do Ágio em Estrutura de Aquisição ou Titularidade de Sociedades quando há a Interposição de Holding. *In*: **Controvérsias Jurídico-Contábeis (Aproximações e Distanciamentos) 4º Volume.** Coord: Roberto Quiroga Mosquera, Alexsandro Broedel Lopes. São Paulo: Dialética, 2013.

NOVAIS, Raquela. TONNANI, Fernando. Ágio – Novo Regime Jurídico e Questões Atuais. *In*: **Controvérsias jurídico-contábeis (aproximações e distanciamentos), 5º volume.** Coord. Roberto Quiroga Mosquera, Alexsandro Broedel Lopes. São Paulo: Dialética, 2014.

____. MARTINEZ, Bruna Marrara. A Lei 12.973/2014, a Empresa-veículo e Outros Temas. *In*: **Controvérsias Jurídico-Contábeis (Aproximações e Distanciamentos), 6º Volume.** Coord: Roberto Quiroga Mosquera, Alexsandro Broedel Lopes. São Paulo: Dialética, 2015.

NUNES, Renato. **Tributação e Contabilidade.** São Paulo: Almedina, 2013.

OLIVEIRA, Ricardo Mariz de. **Fundamentos do Imposto de Renda.** São Paulo: Quartier Latin, 2008.

____. A Tributação da Renda e sua Relação com os Princípios Contábeis Geralmente Aceitos. *In*: **Controvérsias Jurídico-Contábeis (Aproximações e Distanciamentos).** Coord: Roberto Quiroga Mosquera, Alexsandro Broedel Lopes. São Paulo: Dialética, 2010.

____. Questões Atuais sobre o Ágio – Ágio Interno – Rentabilidade Futura e Intangível – Dedutibilidade das Amortizações – As Inter-relações entre a Contabilidade e o Direito. *In*: **Con-**trovérsias jurídico-contábeis (aproximações e distanciamentos), 2º volume. Coord. Roberto Quiroga Mosquera, Alexsandro Broedel Lopes. São Paulo: Dialética, 2011.

____. Os motivos e os fundamentos econômicos dos ágios e deságios na aquisição de investimentos, na perspectiva da legislação tributária. **Direito Tributário Atual, nº 23.** São Paulo: Dialética/ IBDT, 2009, p. 468.

____. O TRATAMENTO DO ÁGIO E DO DESÁGIO PARA FINS TRIBUTÁRIOS E AS MODIFICAÇÕES DA LEI N. 12973 (comparações entre dois regimes). http://marizadvogados.com.br/_2017/wp-content/uploads/2018/02/NArt.06-2017.pdf, p. 16. Acesso em 01/09/2018

POLIZELLI, Victor Borges. **O Princípio da Realização da Renda – Reconhecimento de Receitas e Despesas para Fins do IRPJ** – Série Doutrina Tributária Vol. VII – São Paulo: Quartier Latin, 2012.

PEIXOTO, Marcelo Magalhães; FARO, Maurício Pereira. **Análise de casos sobre aproveitamento de ágio: IRPJ e CSLL: à luz da jurisprudência do CARF – Conselho Administrativo de Recursos Fiscais.** 1 edição. São Paulo: MP Editora, 2016.

Sinopse tribuária 2015-2016: Especial Ágio. Vários coordenadores. São Paulo: Impressão Régia, 2015.

SANTOS, Ramon Tomazela. **O regime jurídico do ágio de rentabilidade futura na lei n. 12.973/2014**, acesso em: https://www.marizadvogados.com.br/wp-content/uploads/2018/10/NArt.17-2018.pdf

SCHOUERI, Luís Eduardo. **Ágio em reorganizações societárias (aspectos tributários).** São Paulo: Dialética, 2012.

____. **Direito Tributário.** 6ª Ed. São Paulo: Saraiva, 2016

REFERÊNCIAS

_____. O Mito do Lucro Real na Passagem da Disponibilidade Jurídica para a Disponibilidade Econômica. *In*: **Controvérsias Jurídico-Contábeis (Aproximações e Distanciamentos).** Coord: Roberto Quiroga Mosquera, Alexsandro Broedel Lopes. São Paulo: Dialética, 2010.

_____. TERSI, Vinicius Feliciano. *In*: **Controvérsias Jurídico-Contábeis (Aproximações e Distanciamentos). 2º Volume.** Coord: Roberto Quiroga Mosquera, Alexsandro Broedel Lopes, São Paulo: Dialética 2011.

_____. PEREIRA, Roberto Codorniz Leite. A Figura do "Laudo" nas Operações Societárias com Ágio: do Retrato da Expectativa de Rentabilidade Futura para o Retrato do Valor Justo. In: MANEIRA, Eduardo; SANTIAGO, Igor Mauler (coords.). **O Ágio no Direito Tributário e Societário: Questões Atuais.** São Paulo: Quartier Latin, 2015.

TAKATA, Marcos Shigueo. Ágio Interno sem Causa ou "Artificial" e Ágio Interno com Causa ou Real – Distinções Necessárias *In*: **Controvérsias Jurídico-Contábeis (Aproximações e Distanciamentos), 3º Volume.** Coord: Roberto Quiroga Mosquera, Alexsandro Broedel Lopes. São Paulo: Dialética, 2012.

_____. Empresa-veículo e a Amortização Fiscal do Ágio: há um Problema Real? *In*: **Controvérsias Jurídico-Contábeis (Aproximações e Distanciamentos), 5º Volume.** Coord: Roberto Quiroga Mosquera, Alexsandro Broedel Lopes. São Paulo: Dialética, 2014. https://www.ifrs.org/about-us/who-we-are/.

Referências Legislativas

BRASIL. Constituição (1988). **Constituição da República Federativa do Brasil.** Brasília, DF, 1988.

BRASIL. Lei nº 6.404, de 15 de dezembro de 1976. Dispõe sobre as Sociedades por Ações. **Palácio do Planalto da Presidência da República,** Brasília, DF, 17 dez. 1976. Disponível em: <http://www.planalto.gov.br/ccivil_03/LEIS/L6404consol.htm> Acesso em: 15 ago. 2018.

BRASIL. Lei nº 11.638, de 28 de dezembro de 2007. Altera e revoga dispositivos da Lei no 6.404, de 15 de dezembro de 1976, e da Lei no 6.385, de 7 de dezembro de 1976, e estende às sociedades de grande porte disposições relativas à elaboração e divulgação de demonstrações financeiras. **Palácio do Planalto da Presidência da República,** Brasília, DF, 28 dez. 2007. <http://www.planalto.gov.br/ccivil_03/_Ato2007-2010/2007/Lei/L11638.htm> Acesso em: 18 ago. 2018.

BRASIL. Lei nº 11.941, de 27 de maio de 2009. Altera a legislação tributária federal relativa ao parcelamento ordinário de débitos tributários; concede remissão nos casos em que especifica; institui regime tributário de transição, alterando o Decreto no 70.235, de 6 de março de 1972, as Leis nos 8.212, de 24 de julho de 1991, 8.213, de 24 de julho de 1991, 8.218, de 29 de agosto de 1991, 9.249, de 26 de dezembro de 1995, 9.430, de 27 de dezembro de 1996, 9.469, de 10 de julho de 1997, 9.532, de 10 de dezembro de 1997, 10.426, de 24 de abril de 2002, 10.480, de 2 de julho de 2002, 10.522, de 19 de julho de 2002, 10.887, de 18 de junho de 2004, e 6.404, de 15 de dezembro de 1976, o Decreto-Lei no 1.598, de 26 de dezembro de 1977, e as Leis nos 8.981, de 20 de janeiro de 1995, 10.925, de 23 de julho de 2004, 10.637, de 30 de dezembro de 2002, 10.833, de 29 de dezembro de 2003, 11.116, de 18 de maio de 2005, 11.732, de 30 de junho de 2008, 10.260, de 12 de julho de 2001, 9.873, de 23 de novembro de 1999, 11.171, de 2 de setembro de 2005, 11.345, de 14 de setembro de 2006; prorroga a vigência da Lei no 8.989, de 24 de fevereiro de 1995; revoga dispositivos das Leis nos 8.383, de 30 de dezembro de 1991, e 8.620, de 5 de janeiro de 1993, do Decreto-Lei no 73, de 21 de novembro de 1966, das Leis nos 10.190, de 14 de fevereiro de 2001, 9.718, de 27 de novembro de 1998, e 6.938, de 31 de agosto de 1981, 9.964, de 10 de abril de 2000, e, a partir da instalação do Conselho Administrativo de Recursos Fiscais, os Decretos nos 83.304, de 28 de março de 1979, e 89.892, de 2 de julho de 1984, e o art. 112 da Lei no 11.196, de 21 de novembro de 2005; e dá outras providências. **Palácio do Planalto da Presidência da República,** Brasília, DF, 28 mai. 2009. <http://www.planalto.gov.br/ccivil_03/_Ato2007-2010/2009/Lei/L11941.htm> Acesso em: 15/06/2018.

BRASIL. Lei nº 12.973, de 13 de maio de 2014. Altera a legislação tributária federal relativa ao Imposto sobre a Renda das Pessoas Jurídicas – IRPJ, à Contribuição Social sobre o Lucro Líquido – CSLL, à Contribuição para o PIS/Pasep e à Contribuição para o Financiamento da Seguridade Social – Cofins; revoga o Regime Tributário de Transição – RTT, instituído pela Lei no 11.941, de 27 de maio de 2009; dispõe sobre a tributação da pessoa jurídica domiciliada no Brasil, com relação ao acréscimo patrimonial decorrente de participação em lucros auferidos no exterior por controladas e coligadas; altera o Decreto-Lei no 1.598, de 26 de dezembro de 1977 e as Leis nos 9.430, de 27 de dezembro de 1996, 9.249, de 26 de dezembro de 1995, 8.981, de 20 de janeiro de 1995, 4.506, de 30 de novembro de 1964, 7.689, de 15 de dezembro de 1988, 9.718, de 27 de novembro de 1998, 10.865, de 30 de abril de 2004, 10.637, de 30 de dezembro de 2002, 10.833, de 29 de dezembro de 2003, 12.865, de 9 de outubro de 2013, 9.532, de 10 de dezembro de 1997, 9.656, de 3 de junho de 1998, 9.826, de 23 de agosto de 1999, 10.485, de 3 de julho de 2002, 10.893, de 13 de julho de 2004, 11.312, de 27 de junho de 2006, 11.941, de 27 de maio de 2009, 12.249, de 11 de junho de 2010, 12.431, de 24 de junho de 2011, 12.716, de 21 de setembro de 2012, e 12.844, de 19 de julho de 2013; e dá outras providências. **Palácio do Planalto da Presidência da República,** Brasília, DF, 14 mai. 2014. <http://www.planalto.gov.br/ccivil_03/_Ato2011-2014/2014/Lei/L12973.htm> Acesso em: 01/06/2018.

BRASIL. Decreto-Lei nº 1.598, de 26 de dezembro de 1977. Altera a legislação do imposto sobre a renda. **Palácio do Planalto da Presidência da República,** Brasília, DF, 27 dez. 1977. <http://www.planalto.gov.br/CCIVIL_03/Decreto-Lei/Del1598.htm> Acesso em: 01/06/2018

BRASIL. Decreto n° 3.000, de 26 de março de 1999 – Regulamento do Imposto de Renda. Regulamenta a tributação, fiscalização, arrecadação e administração do Imposto sobre a Renda e Proventos de Qualquer Natureza. **Palácio do Planalto da Presidência da República,** Brasília, DF, 17 jun. 1999. <http://www.planalto.gov.br/ccivil_03/Decreto/D3000.htm> Acesso em: 01/06/2018.

BRASIL. Instrução Normativa nº 1.700, de 14 de março de 2017. Dispõe sobre a determinação e o pagamento do imposto sobre a renda e da contribuição social sobre o lucro líquido das pessoas jurídicas e disciplina o tratamento tributário da Contribuição para o PIS/Pasep e da Cofins no que se refere às alterações introduzidas pela Lei nº 12.973, de 13 de maio de 2014. **Receita Federal do Brasil**, Brasília, DF, 16 mar. 2017. <http://normas.receita.fazenda.gov.br/sijut2consulta/link.action?idAto=81268&visao=anotado> Acesso em: 17/08/2018.

Referências Jurisprudenciais

BRASIL. **CARF**: Acórdão nº 1402-000.342; Acórdão nº 1302-002.126; Acórdão nº 1402-002.489.

BRASIL. **CSRF**: Acórdão nº 9101-002.019; Acórdão nº 9101-003.208.

BRASIL. **Tribunal Regional Federal da 4ª Região.** Sentença proferida nos autos dos Embargos à Execução Fiscal nº 5058075-42.2007.4.04.7100.